持ち家で人生が変わった!
最強の家探し

小嶌 大介 著

プラチナ出版

はじめに

読者の皆さん、こんにちは！　小嶌大介です。

僕はいわゆるコテコテの大阪人で、美大を出てから10年間、グラフィックデザイナーの仕事をしていました。

こんな経歴だとおしゃれな業界のクリエイター風のシュッとしたタイプを思い浮かべるかもしれませんが、美大に通いながらプロのキックボクシングの選手をしており、どちらかといえばわんぱくなタイプです。

デザイン事務所への就職をきっかけにキックボクサーの道を断念しますが、せっかくの腕っぷしを有効利用しようと、１分１０００円で「どつかれ屋」というサイドビジネスをしていました。そのほか、街金の取り立て屋のバイトをしていたこともあります。

20代半ばくらいまでは楽しく過ごしていましたが、結婚をして家庭を持ったころから、仕事も人生もどんどんしんどくなってきました。仕事のやりがいはあります。それなりの結果も出しています。しかし、紙媒体のデザイン業界に、光が見えなかったのです。

「独立しようかな。このまま社員として続けるか？　それとも別の会社に転職するか？」

常に将来に対して、確固たる指標が持てませんでした。このように仕事でまったく先が見えなかったのですが、どういうわけか家から光が射してきたのです。

まず、家を住み替えたら、住宅ローンの負担が減って、ずいぶん肩の荷が下りました。しかも、手狭だった家が広くなって快適になりました。

家にはいろんな種類があります。「マイホームを持とう！」と思ったときに、不動産業者が出してくる情報はほんの一部だけです。

あらかじめ決められた枠のなかで選択をしなければいけないとなれば、気持ちが萎縮してしまうしおもしろくありません。なにしろ、勧められた家を買ってしまえば、家計が破たんしないまでも、非常に厳しい生活が待っています。

たとえば、当時の僕の年収が４００万円でした。年収４００万円の人が35年間の住宅ローンで借りられる限度額が４１３２万円（住宅金融支援機構のローンシミュレーションで金利１％で算出）です。で、４１３２万円の月々の返済額は11万７０００円です。

手取り27万円で11万７０００円のローン返済なんて、現実的ではありませんが、ローン限度額いっぱいの家を買う人は珍しくありません。地方であればともかく、東京や大阪ではこのようなムリな買い方をしてローン地獄に苦しんでいる人がたくさんいます。

しかし、僕が買った家はリフォーム費込みで１４５０万円、月々の返済額は4万円です。それぞれを35年間支払えば、総支払い額は４８９９万円と１６６０万円。その差額はなんと約３２００万円です！

僕はこの家を買う前は中古マンションに住んでおり、ローン返済と管理費・修繕積立金を合わせて月々10万円程度の出費がありました。それが半額以下に減ってくれたので、家計に与えるインパクトは本当に大きかったです。

その前後で不動産投資もやるようになり、家に対して視野が大きく広がったら、どのように生きていくべきかもクリアになりました。

それまでは自分のことを「できへん奴や……」と卑下したり、「生きるのもしんどいな」と思っていたのですが、じつはそれほどにしんどくなかったのです。

「家選びなんて興味ない。一生このまま賃貸でいいや」という人も、今の境遇に満足していないのなら、住まい方を一回白紙にもどして、この本を読んでみてください。考え方が変わるはずです。

本書では、一般的な不動産業者なら「買ってはいけない！」というような、理由（ワケ）ありの家を購入することをオススメしています。ここで、本書の内容について簡単に紹介したいと思います。

序章「月給27万円でマイホームを買う!」では、僕がどのように家を探して、買ったのか。どのようにリフォームを行ったのかの実録です。

第1章「そもそもマイホームは買うべき?」は、賃貸派の人に是非読んでいただきたいです。家を買うことがどんな意味を持つのか。家を買う前に知っておくべき大前提の話です。

第2章「いま狙うべきは都会の『理由あり』住宅!」は、具体的にどのような家を選べばいいのかです。この部分は、安い家を買うための極意でもあります。

第3章「最強の住宅を買うための3ステップ」は、家の探し方から、リフォームの仕方、「出口」の考え方をステップで紹介しています。

第4章「住宅ローン攻略!!」は、住宅購入においてもっとも肝となる住宅ローンをどう借りるかです。住宅ローンを単なる借金ではなくて、「資金調達」と考えるのがコツです。

第5章「さらにその先へ!!　自分の家でお金持ちになろう」は、家を使ってよりお金を稼ぎ出せせる方法を紹介しています。独身の20代でもできるようなやり方もあります。また、転勤族にも向いています。できそうであればぜひチャレンジしてください。

そのほか、僕の嫁が書いたコラムもあります。家族を持っているのであれば、女性視点はとても重要です。奥さんの気持ちを理解をして、夫婦で協力できれば家探しはより成功に近づくでしょう。

人は群れで生きる動物です。家族を持って幸せになりたいと思うのは、とても自然なことで、人は家族で暮らしてもっと幸せになりたいと願います。

幸せの形はいろいろあるけれども、僕はその幸せに「家」は欠かせないと考えます。

あなたとあなたの家族の幸せのために、この本は少しでも役に立てば著者としてこんなにうれしいことはありません。どうぞ、この先を読み進めてください！

目次

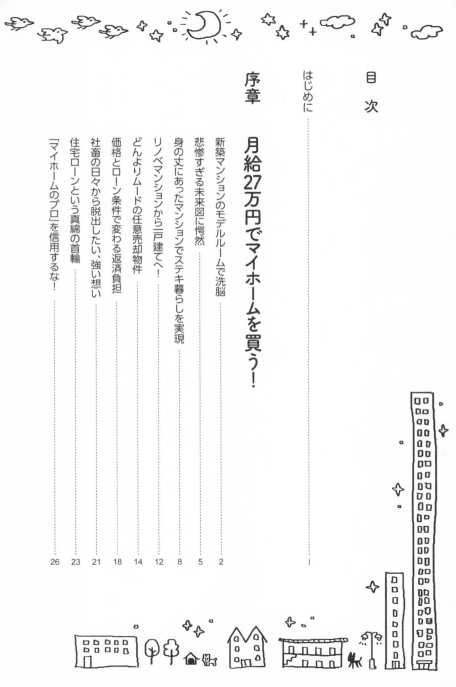

第1章 そもそもマイホームは買うべき?

第2章 いま狙うべきは都会の「理由《わけ》あり」住宅!

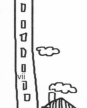

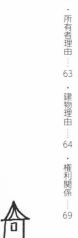

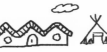

第3章　最強の住宅を買うための3ステップ

第4章 住宅ローン攻略!!

第5章　さらにその先へ!! 自分の家でお金持ちになろう！

イラスト◎はらぺこ不動産　本文装丁デザイン・DTP◎井関ななえ

序章

月給27万円でマイホームを買う！

新築マンションのモデルルームで洗脳

僕が初めて家を買ったのは、結婚して3年目、31歳のときです。

それまでは家賃8万5000円の賃貸物件に住んでいました。その物件のある大阪市都島区の京橋では、行政が新婚さん向けに3万円の家賃補助をしてくれていたので、実質5万5000円で2LDKのアパートに住むことができたのです。

僕としてはそのアパートに何の不満もなかったのですが、ある日、嫁から「家がほしい」と言われ、漠然と「やっぱり家を買ったほうがいいのかな？」と思いました。

というのも、この家賃補助が受けられ

(生活は苦しくなりますが)
買えますよ！
FP
いける!!
ライフプラン

るのは新婚期間の5年だけ。僕は、その期限が切れるころに考えればいいだろうとのんびり構えていたのですが、すでに嫁の頭のなかでは、新築マンションに住む家族のイメージが鮮明にできあがっていたのです。

そもそも不動産会社の新築マンションに対する洗脳が、じつにエグいのです。たとえば嫁と一緒に建売住宅のモデルハウスを見学に行くと……。

僕はデザイナーの仕事をやっていたものですから、ついつい裏方さんの気持ちで見てしまいます。「わぁ〜、ゴッツイCGを駆使してつくってるわ！　予算はこれくらいかかってそうだな？」とか、「こんなあしらいを部屋中にしてるんやな〜」なんて。そして嫁はといえば、そのような演出にすっかり洗脳されていました。

そんなこんなで、最終的に4軒くらいの新築マンションのモデルルームを見に行きました。予算としては3000万円台の前半から4000万円台の前半くらいです。

その当時の給料は300万円台の後半だったのですが、営業マンから「20代のうちに買っておけば楽勝で返済できますよ！」「親御さんから頭金をいくらか出してもらえれば問題ないですよ」と勧められたのです。その両親も、資金は援助すると言ってくれました。

普通の人なら、そのまま新築マンションを買っていたと思います。

でも、僕にはどうしても違和感が拭えませんでした。モデルルームでCGバリバリのオープニング動画を見せられるのです。「グランドオープン、ジャーン！」みたいな。

さらに順々に売れていったモデルルームにお花をつけていき、「早く買わないといい間取りの部屋が売り切れてしまう！」と不安をあおります。それって何か違うんじゃないか

……と納得できなかったのです。

悲惨すぎる未来図に愕然

そうした新築マンションには、提携するファイナンシャルプランナー（以下「FP」とします）が常駐していました。購入意欲のある人は、無料でライフプランの相談に乗ってもらえるのです。そしてFPは、「買えます！　大丈夫です！」と答えます。

マンションのデベロッパーが提携しているFPですが、物件自体はフェアに見ていたと思います。

「フェア」というのは、その物件を買ったら生活が苦しくなるのか、大丈夫な

のかをしっかりとアドバイスしてくれるのですが、「その物件を買わないのが正解」とは絶対に言いません。結局、4軒のモデルルームを見に行って、嫁さんも買う気満々になり、FPがライフプランをつくってくれました。

そこでもっとも衝撃的だったのが、「**40～50代で親から援助がなかったら赤字になる**」という未来でした。子どもの学費だけで自分の給料を上回ってしまうのです。「だから**前もって貯蓄をしておかなければダメ！**」という結論なのですが、それをすると暗黒人生のスタートです。

なにしろ貯蓄をしようと思ったらタバコも吸えないし、ランチは500円以内に抑えなければいけません。あらゆる節約をして、将来のために今を犠牲にし続けるしか、選択の余地がないのです。

では、いったい何のための犠牲なのかというと「マイホーム」のためです。

どうしても家が根本にあるために、そこから派生して優先順位が「子ども＞嫁＞自分」となり、しわ寄せはすべて自分にかかってくる……。働いている僕が最後のしわ寄せを食らい、恩恵を受けるのも最後なのです。

そこに万が一にも自分が病気になったり、家族の誰かが入院をしたり、親の介護がはじまったら小嶌家は破たんです。

身の丈にあったマンションでステキ暮らしを実現

僕はそのときに嫁に「親が介護になったとき、このファイナンシャルプランだったらずっと現役バリバリで働き続けないといけないから、家族の時間なんてつくれないよ」と言いました。

そして、せめて20年後の50歳までには、住宅ローンを払い終えておきたいと考えたのです。完済してしまえば後は何とでもなるだろうと。

それで嫁に「20年で払える規模の家にしたい」「新築マンションではなく、中古マンションにしよう」と説得しました。

これには嫁もＯＫしてくれて、今度はリノベーションマンションを何戸か見に行きました。最終的に**１２５０万円の中古マンション**を買ったのです。

僕が買ったのは、いわば「ベースハウス」です。車の「ベー

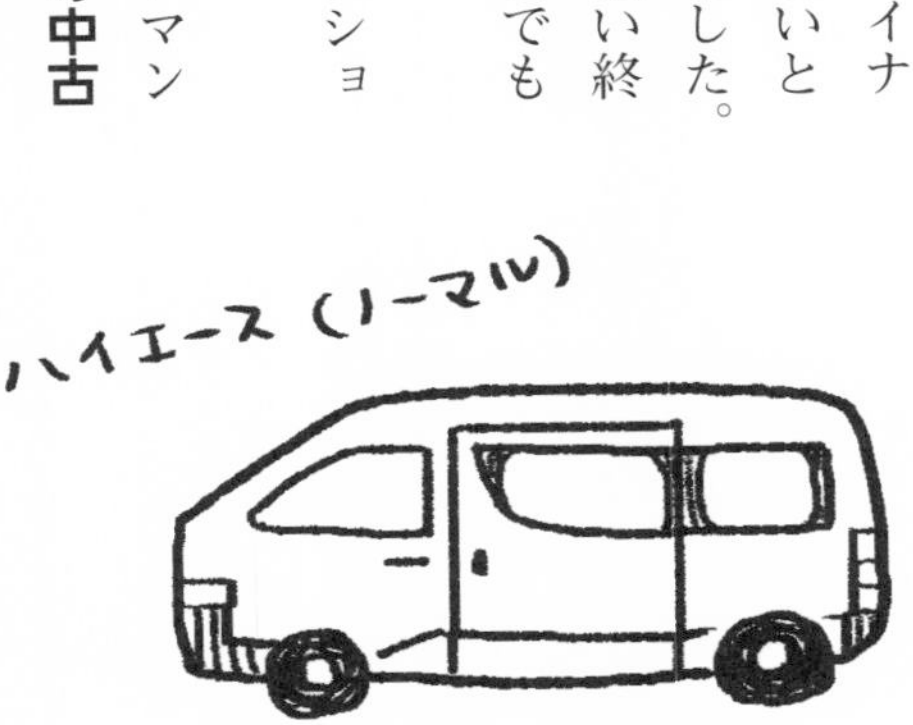

実録

こじま式リフォーム術

中古マンションver.

3LDK⇒1LDKへ

**家族が少なかったり
子供が小さい間は1LDK、
子供が大きくなったら2LDK
にすることが可能な家に！**

やったこと

- 天井をぶち抜いて高くした！
- 天井は壁紙を貼らずにペンキだけ！
- キッチンはアイランド型に
- 将来、部屋を増やすことを想定した設計にした
- 床には無垢フローリングを使用してオシャレに

豆知識

マンションでは、多くの場合
いつも見えてる天井の上に本当の
天井があったりする。
なので天井をぶち抜くと、数十cm
天井が高くなって開放的な雰囲気に
なるぞい

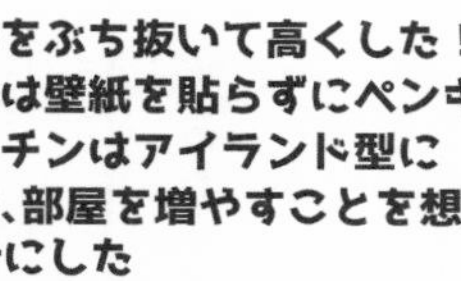

ス車」みたいなもので、ハイエースでいうノーマルなやつ。そのベースハウスを400万円かけてリノベーションしました。

延床面積（広さ）は60㎡くらい。でも子どもが大きくなったら、子ども部屋のスペースが足りません。だから将来を見据えて可動式の建具をつけ、2Lが3DKになるような設計にしました。

週末ともなれば大勢の友だちを呼んでいました。今から思うとまだ物も少なかったころで、スタイリッシュな自慢の家だったのです。その物件は築35年くらいのRC造マンションでした。このくらいの築年数だと、新築で買って住んでいる人たちは団塊世代。だから子どもが大きくなって家から巣立ち、2人住まいになると物件を持て余すのです。そのため、ちょうど僕が買ってリノベーションをしたくらいから、賃貸の部屋が増えてきました。いわゆる分譲貸しです。

賃貸が増えていくとともに、入居者の質も悪くなっていきました。

今までキレイだったエレベーターが、ペットのおしっこや、吐き捨てられたガムで汚れていくようになったのです。

その部屋には広々としたテラスがあり、ウッドデッキを10万円くらいでつくって、ハンモックをぶらさげてくつろげるようにしていました。そこでバーベキューを楽しんだりと、ステキな生活を満喫していました。

それを上の階に住む中国人が台無しにするのです。僕がテラスでハンモックに揺られながら本を読んでいると、上の階で植木に水をやる。その水がかかります。よくブチ切れて怒鳴り込みに行ったものです。

まだ水ならマシなほうで、最悪なのは犬の糞が落ちてきたこともありました。上の階のベランダで犬を飼っていて、ウンチをしたらホウキで掃いて飛ばしてしまうのでしょう。気に入っていたマイホームでの生活が、だんだん嫌になってきました。

「マンションは管理を買え」といわれますが、本当にそのとおり。急激に住環境が悪化していったのを覚えています。

この家には2年しか住みませんでしたが、住宅ローンを払って家を買っている人の質と、賃貸の入居者の質は根本的に違うことを実感しました。

リノベマンションから一戸建てへ！

それで、「**今度住むなら一戸建て**にしよう！」という話を嫁として、今の家と同じくらいの予算で物件を探すことになりました。

僕としてはすでに住宅ローンを組んでいるのに、また組めるのか不安でしたが、とりあえず物件を見に行きました。

最初の家は、諸費用を入れて１２５０万円で買って４００万円でリノベしたので、１６５０万円かかっています。それを１４００万円で売りました。投資家的にいえば「損切り」になります。

それでも2年間は住んでいたので、月の家賃が8万円だとすれば年間96万円で得をしたのだと考え、売却で儲けることは考えないようにしました。何より、住み替えには新しい住宅ローンを組む期日があるので、それを守ろうとしたのです。

新しい家を探すのは嫁の役目でした。何しろその当時の僕はブラック労働で、まったくといっていいほど時間の余裕がありません。どうかと思うような激務のなか、この状況を打破すべく不動産投資を始めていました。

嫁も必死で家を探してくれたのですが、振り返れば、本当にいい家を見つけてくれたと感心します。

嫁が探してくる家は、投資家の目から見ても素晴らしかったです。あのときはまったくお金がなかったのですが、今の僕なら全部買いたいほど。ちなみに嫁は、自分が住むところでなければ興味がないので、投資物件は探してくれません。

さて、嫁の探してくれた家は「**任意売却**」の物件でした。

任意売却とは、住宅ローンなどの借入金が返済できなくなった場合に、売却後も住宅ローンが残ってしまう不動産を、金融機関の合意を得て売却する方法です。

その当時は「任売」のこともよくわかっておらず、とりあえずお得に感じたので内覧に行きました。

どんよりムードの任意売却物件

物件に足を運ぶと、そこにはどんよりした暗いムードの家族が住んでいました。脂ぎった顔のおじさんがいて、髪の毛はすだれ状に垂れています。

国民的テレビドラマ『渡る世間は鬼ばかり』でラーメン屋の店主を演じている俳優の角野卓造さんに、マイナスのオーラをまぶした風貌とでも言いましょうか。

おじさんは役所で働く公務員だそうです。小柄な奥さんはずっと下を向いており、子どもはいません。

お役所なんて真面目な人が多そうなのに、どうしてこんな事態になったのか不思議で仕方がありませんでした。ただ、属性のよさからサラ金でお金が借りやすいし、

うっぷん晴らしでギャンブルにハマる人もいるみたいです。

また、案内をしてくれた不動産屋さんが、売主のご主人や奥さんがいる手前、「この家は最高ですよ！」と力強くアピールしてくるのですが、このときは誰もひと言もしゃべらず無言だったのが印象的でした。このままではさすがに気まずいと、こちらから挨拶をしたのですが、売主ご夫婦は目も合わせてくれませんでした。

しかし、僕たち家族はこの家がとても気に入り買い換えることにしました。値段は1250万円です。

前述したとおり、そのときには不動産投資をスタートしており、多少は中古物件に対する目利きができるようになっていました。週末になれば子どもと手をつなぎ、ルンルン気分でボロ物件を内覧していたのです。

そんな僕から見た「いい物件」のポイントとは、**損しない売却が見えて土地値ちょい以下の物件**です。

この家の築年数は20年ちょっとで広さが80㎡あり、間取りは5LDKの物件。正確には増築があったので90㎡くら

before

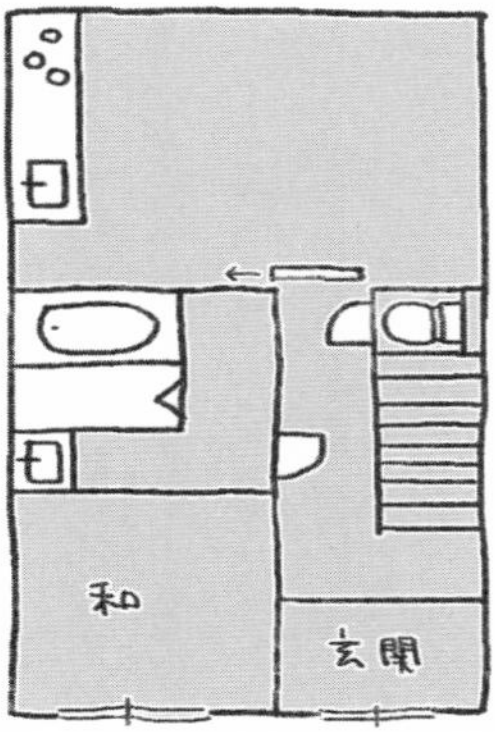

after

実録

こじま式リフォーム術

中古戸建てver(1Fのみ)

1LDK⇒LDKへ

廊下も和室も
すべて合わせて、
無駄なく使える広いLDKに！

やったこと

- 壁のほとんどを取り払った
- 妻のためのこだわりのオーダーメイドキッチン
- 床は無垢材で統一

家を支える柱を残したことで、
浴室使用時はカーテンで間仕切りして更衣室が確保でき、
普段は空間が有効活用できる！

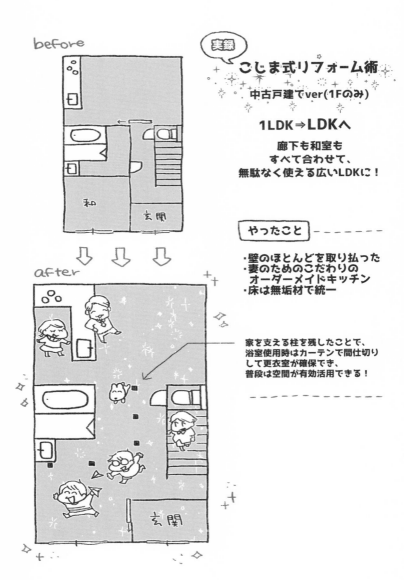

いあります。

ただし、その増築部分はつぶしました。つぶした理由は、住宅ローンの基準に合わないから。つまり、建ぺい率オーバーの違法物件だったのです。

「建ぺい率オーバー」とは、法律で決められたサイズを超えているということで、そのままでは住宅ローンを借りられません。そのため住宅ローンの申し込みでは、「建ぺい率オーバーだけど、ここが増築してあるからこわします」と念書を入れました。


そのほかにもリフォームをすべき箇所がいくつかありました。

嫁は「アイランドキッチンにしたい!」と熱望していたのですが、すでに僕は築古物件の再生を手掛けており、そのノウハウもあったので、つてのある職人さんに頼んで、造作でキッチンをつくってもらいました。

このように大家さんとして身につけたスキルを活かすことで家庭は円満です。

ほかにも、耐震補強工事の補助金もゲットしました。工事費用が300万円かかるのですが、その3分の1にあたる100万円を補助金から出してもらいました。そのおかげで、総額200万円くらいのリフォーム費用で済んでいます。

価格とローン条件で変わる返済負担

最初のマイホームだった区分マンションは、住宅ローンの返済期限が20年でした。これは僕が定年退職を迎える前に完済したかったので、普通の住宅ローンよりも短いです。

それはそれでよかったのです。コツコツと返済していけば20年でローンから解放される考えが勝っていたので。そのかわり、支払いが毎月8万5000円になるので、かなり家計の負担になっていました。

それが2軒目の戸建てでは、月約

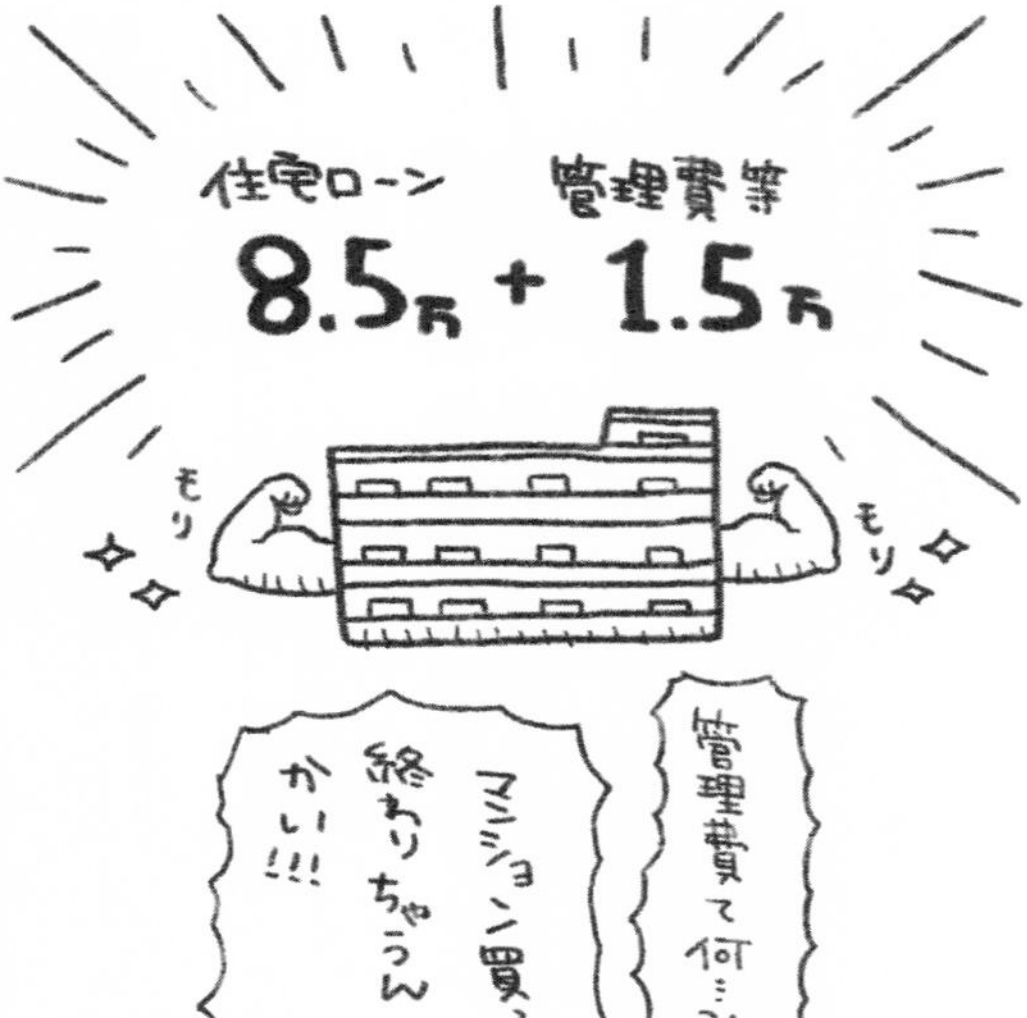
住宅ローン
管理費等
8.5万 + 1.5万
もり
もり
管理費て何…?!
マンション買って終わりちゃうんかい!!!

４万円に下がりました。それは住宅ローンの返済期間を35年にしたからです。

ほかにも区分マンションには管理費と修繕積立金の負担がありました。

古いマンションの管理費・修繕積立金は、新築と違ってアホみたいに値段が上がっており、毎月１万５０００円もします。そういったランニングコストも含めると、毎月10万円くらいは家に支払っていたことになります。それを戸建てに住み替えて、ローンの返済年数を伸ばしたら４万円となり、これまでの半分以下になったのです。

正直いって、すごく生活がラクになりました。今どき給料が６万円もアップなんてしませんから！

さらに大家さんとなった僕は、**ボロ戸建てを２軒所有**していました。
戸建ての家賃が６万円。それが２軒ですから６万円×２の毎月12万円の家賃が入ってきます。住宅ローンの返済が６万円くらい下がったのと合

わせると、小嶌家の家計は18万円もプラスになっているわけです。

大家としての利益が12万円のプラス、そして住宅ローンの差額が6万円で18万円。これって1人分の給料に匹敵する金額です。僕のように年収が400万円あるかないかの人間からすれば、とてつもない大金です。

それでも嫁は「いくら貯金に回せるお金が増えても、アンタが使ってしまうからな〜んも裕福にならん！」とあまり喜んでくれませんでした。しかし、どうしても**次の投資資金にしたかった**のです。

僕が**家を使って稼ぐ方法**をどうやって身につけたのか？

それは僕が書いた既刊『50万円の元手を月収50万円に変える不動産投資法』（ぱる出版）を読んでもらうとくわしく書いてあります。ともあれ、僕は「家が本当に人生を左右する」と強く身に染みました。

最初の区分マンションも引っ越したとはいえ、普通に新築を買えば3000万円なり4000万円もする物件を買ってしまうわけだから、「これじゃダメだ！」と判断し、安い中古物件に目を向けたのは、当時の無知な自分にしては「うまく立ち振る舞った！」とほめてやりたいです。

社畜の日々から脱出したい、強い想い

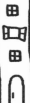

不動産投資をはじめる前の僕は、住宅を「住む家」として考えているだけで、そこで稼ぐ頭など1ミリたりともありませんでした。外で稼ぎにいくよりも、「ランニングコストをどれだけ抑えられるかによって自由になれる！」と信じていました。

要は、お金を増やすことよりも使うお金を減らす。収入を伸ばすのではなく、支出を抑えれば、お金に余裕ができて自由になれると考えていたのです。

そのため脳みそも断捨離に入っていて、できるだけシンプルな暮らし、必要なものは最低限でいい。人が生きていくのに際して、「必要なものってあんまりないよね？」みたいな考えを持っていました。

年齢的にも30代に突入していましたが、「デザイナーとして独立したい！」「自分の事務所を設立したい！」のかというと、どうも僕にはピンときませんでした。おそらく上司から押さえつけられていたのだと思います。

会社では自己主張をするも否定され、もちろんそれに対して果敢に挑むのですが、いかんせんタテ社会はキツかったです。

同僚で僕より優秀なデザイナーもいましたが、いまだにその会社で40歳を過ぎても過酷な環境で仕事をしています。

かくいう不動産投資を知る前の僕も、そんな環境に支配されていました。独立することなど選択の余地がなかったので、最初はせどりやＦＸで頑張ろうと考えたものです。

ただ、それらもなかなかうまくいかなくて、**最終的にたどり着いたのが不動産投資**、つまり**大家さん**だったのです。

そんな出来事が最初の家を買って、２つ目の家を買うまでの間に起きていました。いわば僕の転換期で、その間は本当にキツかったです。

「同じことを今もやれるか？」と問われたら……おそらく苦しい状態に陥ったらやるでしょう。やはりその苦境から逃げたいからです。

人間、逃げるための行動はがんばります。それくらい会社の仕事が辛かったのです。光が見えない、ビジョンがない……それほど絶望的な毎日でした。

住宅ローンという真綿の首輪

　しかし、世の中には当時の僕と同じような状況なのに、まったく危機感を抱かない人もいます。そういう人たちの首には住宅ローンという、真綿の首輪が巻かれているのです。それを「マフラーだ！　気持ちいいな～」とのんきに勘違いしています。

　僕はマイホームを購入する……というシーンで、自分の首に真綿の首輪を巻き付けることはありませんでした。

　ただ、マイホームの購入がきっかけで「**社畜の日々から脱出したい！**」と強く願うようになり、家はとにかく安く、そして、お金を産みだす家を

買う発想で不動産投資をはじめたのです。そこからはとにかく全力疾走しました。たとえば、ものすごく怖いジェットコースターに嫌々乗ったら、実際よりも速いスピードに感じるでしょう。

病気になってはいけない
会社をやめてもいけない
子は上手く育て
いつもドレイでいろ
(中略)
黙って家に〜金を払え〜
家

自分の意に反して曲がりたくない方向、回転したくない方向に体が連れていかれるのですが、そこをあえて、しっかりと前を見て「もっと速く進みたい！」と念じながらジェットコースターに乗ると、不思議に遅く感じるものです。

１８０度回転するコースも、自分から「いち早く回転しに行きたい！」と意識すれば遅く感じます。

攻めの体勢で挑み、現実のスピードよりも少し先の予想をつけていれば、逆に現実が後から追いかけてくる。だからスピードも遅いと感じて怖くもなんともないのです。

そんな感覚で、とにかく不動産投資に全力で取り組んだところ、２年半で会社を卒業することができました。

「マイホームのプロ」を信用するな！

不動産のプロやＦＰが教えるアドバイスは、彼ら特有のルールに則っています。ですから彼らにとって都合のいい物件しか紹介してくれません。

一応はお題目として、「３人家族なら、４人家族ならこんな間取りでこんな家が最適ですよ！」と勧めてきます。

しかし、そのファイナンシャルプランが**どれだけ重たい足かせ**で、無事にたどりつかなければいけないものなのかを考えてほしいのです。

それには「必ず永く会社に勤めて、必ず健康でいること」が大前提のプランです。

これは、とてつもなく長期にわたって開催されるトライアスロンに出場するようなものです。

そして、そのプランは一家の大黒柱であるあなたが、なんの病気にもならずリストラもされず、生涯バリバリ働くことを想定しています。また、あなたの子どもが健康にすくすく育つことが想定されています。

たとえば子どもがニートになって、35歳を過ぎても家から一歩も出なくて、親が養うハメになるなんて事態は一切想定されていません。

だから僕が考える人生のリスクヘッジは、**マイホームにかけるお金をなるべく少なく抑えること**。また、そのマイホームが「いざ！」というときに売れること。そして、その際に**損をしない**ことです。

第1章

そもそもマイホームは買うべき？

賃貸派VS購入派

そもそもマイホームは買うべきなのでしょうか？　一般的な「あなたは賃貸派？　それともマイホーム派？」という問いかけです。

それに対して、僕の考えは「その地域に5年以上は住むのであれば、買ってもいい」です。ただし、家の買い方には注意します。5年なら買い方さえ間違わなければ値崩れしません。もしくは土地値以下で買っていたら、売ったときに利益が出ます。土地値については、第2章で説明しますね。

一般的な購入派からすると、家はあこがれであり、家族の幸せの象徴です。夢のいっぱいつまったマイホームとソロバン勘定は似合わない気もしますが、生活にソロバン勘定は必須です。ちょっと損をするくらいならよいですが、間違った買い方をすると身の破滅です。

対して、賃貸派の人からすると「大きな借金をするのはイヤ！」「そもそも借りられない」という意見から、「買ってしまったら、その場所にずっと住まなきゃいけないでしょ？もしも子どもが通う学校で問題が起こったり、お隣さんがヘンな人だと賃貸なら引っ越せるけど、買ってしまったら動けないじゃない！」という不安もあるでしょう。買うと身動きがとれない……それは正しい懸念です。でも、僕は持ち家であっても、イヤになったら引っ越します。その家は人に貸してもいいし、売ってもいいのです。

僕の考え方は一般的ではなく、不動産投資家の考え方なのでしょう。それは投資家が**出口から見る**からです。

賃貸派の人は、リスクのために家賃を掛け捨てにしています。一方で築古・土地値のマイホームを買うと、掛け捨てだったものが貯蓄や積立てに変化するのです（失敗すれば大きな足かせですが）。

あくまで一長一短ですが、人生の後半で自分が年老いたとき、はたして根無し草のまま生活をやりくりしていける自信はありますか？　仮にお隣さんや学校で問題があっても、次の家を買ったら解決

すると考えられませんか？

家は1つだけではありません。

逃げられる家の買い方が大事なのです。

誰もが抱える不安の多くは、「その家から一生出られない！」と思い込んでいるから不安になるのです。

そうであれば家を1軒と決めず、それこそ自分のライフステージに合わせて住み替えられる家を選べばいいのです。

つまり売れる家、できれば「**利益が出る家**を買いましょう」ということです。逆に、売れる家を買いさえすれば、先ほどの心配ごとも無用になります。

マイホームの出口や利益に関してはおいおい説明しますが、まずは1軒だけを多額のローンで買う考え方を捨てましょう。

優先順位の1位は「家」ではない

賃貸暮らしであれば、子どもがドタバタ走り回ってうるさくすると、階下からクレームが来て肩身の狭い思いをします。

それで「いっそのこと一戸建てを買ったほうがいいな」と考えるようになります。ただ、それにしては引き換えの代償が大きすぎるのです。

僕の考えからすれば、家族の優先順位に「家」をトップにするくらいなら、そんな「家」なんて買わないほうがいいです。

そもそも家が一番大事という人間なんていないでしょう。それよりも自分や家族の生活のほうが大切なはず。

マイホームのために生きるくらいであれば、賃貸でかまいません。しかし賃貸は家賃を払い続けるばかりで何も残らないから、資産が残る家のほうがよいのではないかという考え方です。

その家もどんな特徴の物件かをわかっていなければ、損をするかもしれません。やはり**「目利き」**が重要になってきます。

一番いけないのは、普通にハウスメーカーの新築を買ってしまうこと。

本を読むにしても、ハウスメーカーやFPの書いたものをうのみにして、パッケージ化された家を買ってしまうのはオススメしません。

まずは世の中の仕組みを勉強してから、これらの本を読んでもらえたらいいと思います。

ハウスメーカーが提示する選択肢A・B・C以外にも、E・F・Gの道があります。

このハウスメーカーが販

売する家には、当然のごとく、その会社の利益を上乗せして売っています。

たとえばＣＭの制作費やイメージキャラクターで芸能人に支払うギャランティ、営業マンの人件費などコストがすべて含まれたうえでの金額設定なのです。

それと新築は当然のことですが、すべてが新品でピカピカです。それだけでも価値を持ちます。

しかし、誰かが1日でも住んだ瞬間に、その真新しい家はたちまち「中古住宅」とランク付けされて下落していくのです。そういうカラクリをよく理解しておかなければいけません。

日本の家は22年経つと無価値になる

不動産投資家にとっては常識ですが、一般の人があまり知らない用語に「法定耐用年数」があります。

日本の国で定められた税金の法律に「法定耐用年数」というものがあり、木造であれば22年と決まっています。国で定めた税金の法律において、木造住宅は22年が経てば、その価値がゼロになります。

しかし実際の住宅ローンでは、多くの人が35年など長期で組んでいます。

事実として家が22年目で住めなくなるのかといえば、そんなことはまったくありません。

そういう妙なバグ（誤り）があるものだと、多くの人が知っておくべきです。

そもそも家の価格というものは、土地と建物の値段の合計です。しかし、その配分もよく理解していないことが多いです。

土地を買って工務店やメーカーで注文住宅を建てる人なら知っているかもしれないです

が、いわゆる建売住宅は土地と建物がセット売りされていると、いったいいくらの土地を買って、いくらの建物を買っているのかよくわかりません。

少なくとも日本は「建物自体が22年で0円」と無価値になってしまう、ルールがあります。それを知っておきましょう。

今あなたが住んでいる家が築22年以上だったとしても、家としてちゃんと建っており、風呂にも入れるし寝られます。しかし、法律上は価値が0円になってしまっているのです。それにもかかわらず、返すべき住宅ローンはまだたっぷり残っています。

マイホームの買い時はいつなのか？

僕は「できれば、住宅は**20代のうち**に買えばいい」と思っています。

その根拠として、高い金額のローンを組んだとしても、長い期間で借りることができれば、毎月の返済額が安くなるからです。ローン返済期間が長くとれたら、月々の支払い負担が軽減されます。

年齢的には35歳くらいまでがマックスで住宅ローンが組めます。そのため、住宅メーカーは「35歳までに家を買ってください！」とセールスします。

住宅メーカーがなぜそのようなアプローチをするのかといえば、その人が持っている一番高いポテンシャルで、高い商品が買わせられるからです。これが家を売る側の考え方です。

買う側の立場になって親身に、いろんなヒアリングをしてくれますが、要は「お前はいくら払える能力があるのか？」を見定めているのです。言い方は悪いですが、お客からしぼり取るためです。

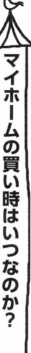

そこでよく言われるのが「**返済比率**」です。

それは、給与収入に占める住宅ローンの支払い負担のことです。住宅ローンなどを借りる際の収入基準の一つとなり、金融機関等では返済比率の上限を設定しており、通常は35～40％程度に設定されています。

たとえば年収が400万円だとしたら、返済比率40％で35年ローンはいくら借りられるかをはじき出しているのです。

それで「こいつは3000万円の家が買えるかな？」「あいつなら4000万円まで買えるぞ！」とソ

フラット 35
フラット 50
申込は44才まで
完済時年齢80才ならOK
とは書いてるが
フツーのサラリーマンは定年退職が
60～65才なので

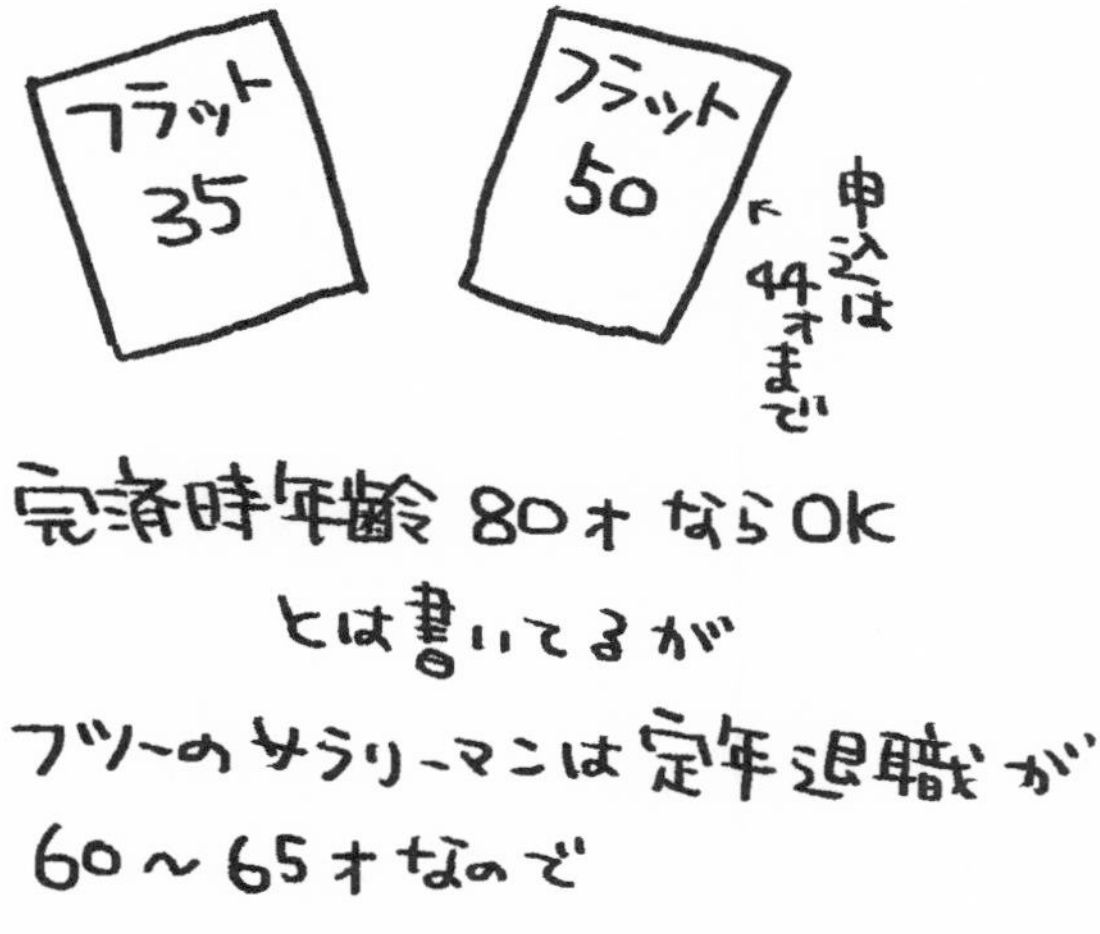
35才が返済期間MAX長い！

ロバンを弾きながら、営業マンはお客さんに合った物件を探し出してくるわけです。

このような理由から、業者が考える買いどきは35歳までとなります。僕も35年間ローンがフルでとれる年齢であるのは強みだと思います。

なるべく早いほうがよいとは思いますが、でも、年齢だけではありません。

それは、その人の「家」に対する考え方が熟してきたときくらい。就職して働きはじめて何年か経ったころ……人によっては就職をして10年くらいかもしれません。

20代後半なり、30代の前半になると、**ロングスパンで生き方を考えられる時期**だと思いますので、そのときが家の買いどきになるでしょう。

この「ロングスパンで人生を考える」のは意外に難しく、そこに向き合える年齢は人によってバラツキがあると思います。

住宅ローンは資金の調達

僕は住宅ローンを35年で組むことに賛成です。反対派の人は35年で借りても、定年退職するまでに繰上げ返済をして、早めに返すことをオススメしますが僕はそれには反対です。

基本的に、住宅ローンに縛られて生きるのはナシです。絶対に地獄を味わうからです。

それに反して、住宅ローンを「**資金調達**」として考えると、35年という長期ローンをありえないくらいの低金利で貸してもらえるわけですから、こんなに有利なことはありません。

ただし、普通の人はその境地になかなかたどりつけないと思います。

資金調達という考えは、事業をやっている人特有のもので、借りたお金を運用して、より多くのお金を稼ぐところが主になります。

これをマイホームに置き換えてみましょう。

あなたには５００万円の貯金があります。たとえば１０００万円の家を買うとして、住宅ローンで１０００万円を借ります。

「それなら貯金の500万円を頭金にして、借金は500万円にしたほうがラクではないの？」と思われるかもしれません。

　しかし頭金に500万円を使うと、貯金がなくなってしまいます。もしも家を買った2年後に車が買いたくなったり、さらに2年後は子どもが産まれて出産費用が必要になるかもしれません。

　その時にマイカーローンで借りたり消費者金融で借金をすると、多額の利息を払わなくてはいけません。それなら最初から住宅ローンの安い金利で1000万円を借りておき、貯金は生活資金、余裕資金として手元に残しておくのが賢明ではないでしょうか。

　車のローンは借りずキャッシュで買う。子どもが産まれ

カーローン
金利1～10%
住宅ローン
(フラット35)
金利1～2%
もし
100万円の車を
金利10%…
60回払いしたら
利息だけで
27万円?!

るときも、手持ちの現金から払ったほうがトータルで安くなります。

お金には色がありません。住宅ローンで資金を調達して、手元に現金500万円を残したほうが圧倒的に生活に余裕がでますし、「いざ！」というときに備えられます。病気や冠婚葬祭といった急な出費のための貯金にしましょう。

おそらくFPなら、「頭金は多いほうが先々に安心ですよ。1000万円の家なら、300万円くらいは頭金に入れたほうがいい。借金はなるだけ少ないほうがいい！」とアドバイスすると思うのです。

でも、その頭金の300万円を使わず、手元にとっておいたほうが生活を守ることができます。とくに住宅は金利がとても低く、圧倒的に良い融資条件なのだから、そこを生かすべきでしょう。

そう考えると、35年ローンは「地獄の入り口」ではないと理解できると思います。

あくまで、こういった考え方ができる人なら「35年ローンはあり！」という話であり、ワケもなく35年で借りるのはオススメしません。

住宅ローンをうまく使えば生活は安定しますが、やみくもに巨額のローンを組むだけでは人生の足かせになります。

家を上手に買えば、人生は変わる！

まとめると、僕は家を早目に買うべきだし、お金も長い期間で借りたほうがいいと思っています。

ただし、世の中の今までの常識でそれをやると、あまりにもリスクが高いし、何度も繰り返しますが「地獄の入り口」になってしまいます。

ですからマイホームを買うときは、その土地と建物がどんなものであるのか、自分が借りるローンはどういうものなのかをよく理解することが必要です。そこを自分のなかで解釈できないのであれば、ローンを借りて家を買うことはやめたほうがいいでしょう。それを理解できれば**チャンスが見い出せ**、それこそ**生き方まで変わります**。

僕が不動産投資家になれたのは、マイホームの住宅ローンを上手に組めたからといっても過言ではありません。月10万円の支払いが4万円に下がることで、一気に生活がラクになり、投資にもお金が回せるようになりました。

この本を読んでいるあなたはいくつでしょうか？20代早々で読んで今すぐに役に立たないかもしれませんが、これからの人生で知っておくべき知識です。40代の人にだって使えます。

あるいは住宅ローンで高い物件を買っている人であれば、うまく買い直して人生を立て直せます。同じ損切りでも、より優位に損切りできます。

「無知は罪」といいますが、知っているということは本当に強いです。

気づきにより人生が変わりますから、不動産の価値のカラクリを、この本を読んでなんとか理解して欲しいと思っています。そこに、**自分を変えられる大きなチャンス**があります。

フラット35は
70才まで
申込みできるどい！

人生を最良のものにするために

家を選ぶ＝生き方を選ぶことになりますから、その家を選ぶ選択肢が少ない人は、おそらく生き方を選ぶ選択肢も少ない人なのです。

今はやたらと個性を尊重される風潮がありますが、それなら住宅だって個人レベルでいろんなニーズに合わせてもいいと思います。

まずは、自分で自分のスパンを決めてみませんか？　たとえば10年スパンで物事を考えてみましょう。

10年で返済ができる家を買ったのなら、5年後は残債が半額になっています。

それなら家を売るのも半額以上で売れればお金が手に残ります。僕のように安い中古住宅を35年ローンで購入して、月々の負担をぐっと下げるのもいいでしょう。

月々の収入を何万円単位で上げるのは難しいですが、住宅に対する支払いは住宅ローンを利用することで圧縮できます。そうして生まれた数万円で生活にゆとりが生まれます。

さて、この本ではＦＰの悪口みたいなことを書いてしまいましたが、じつは、僕が家選びの初期に会ったＦＰとは今でも友だちです。

その彼から「君は、僕のライフプランの棒グラフの中から完全に飛び出してしまったよ。もはや測定不能だ」と告げられました。

なぜかというと、**僕が稼ぎ方も含めて自分で道を選んだ**からです。

お金をたくさん稼ぐことも、それを止めることも、どういうふうに利益を出すのかも、すべて自分で操れるので、今の僕に棒グラフはもう関係ありません。

ＦＰのつくった棒グラフに

収まっていると、お仕着せの選択肢しか残っていません。

自分の人生を自分で歩んでいくため、自分の人生を誰にも縛られず好きなように進んでいくためには、人生で一番大きな買い物といわれる「**マイホームをいかに有利に購入するか**」。

これは生きる術として、非常に重要だと思います。

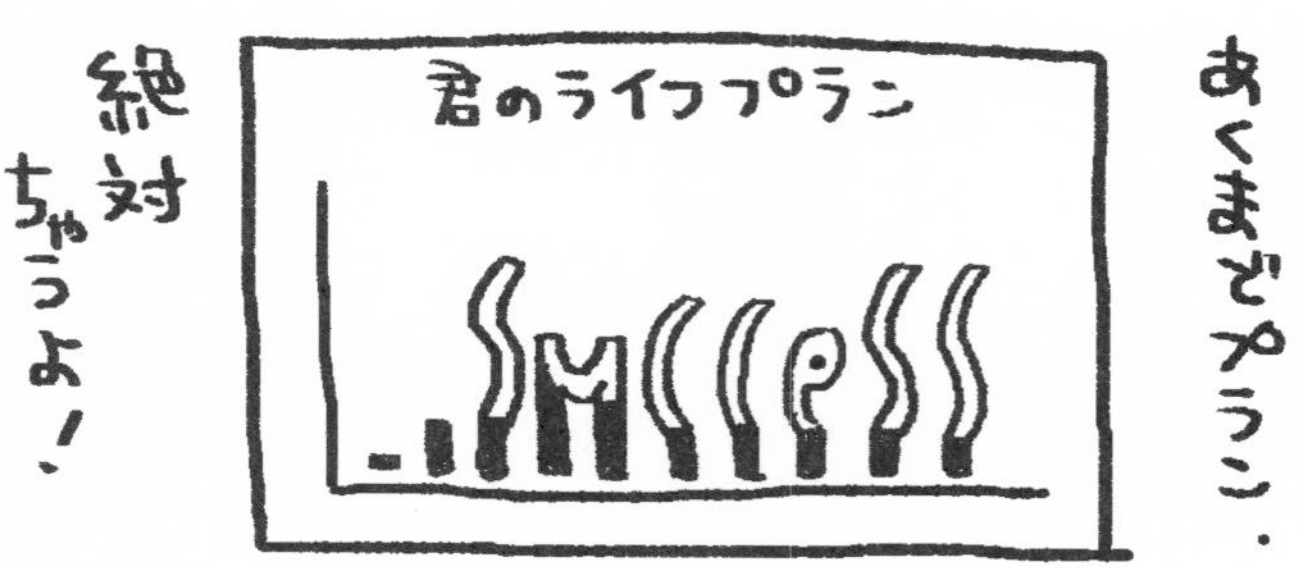
ライフプランはあくまでプラン。

嫁のひとこと①　嫁流☆予算の考え方

家を買おうと思ったのは、結婚して5年目、2人目の息子がうまればかりのころです。ファイナンシャルプランナーに相談するまでは、なんとなく「家を買う＝新築に住む」というイメージがありました。

しかし3000万円の家を買ってしまうと生活が成り立たないため、月々の支出を増やさずに、今の賃貸マンションから引っ越して新しく家を買うには、どうしたらいいのだろうと夫婦で相談しました。

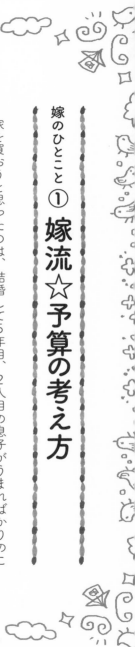

そんなときに中古物件のリノベーションという選択肢を夫が提案してくれたのです。「住んでいれば汚くなるし、中古で買ったら味が出る」という言葉に納得して、それから中古物件ばかり探すようになりました。

購入金額は月々払える金額から逆算しました。ちなみに当初、夫は定年前に完済したい希望があり、35年ローンでなく20年ローンを借りることにしました。そうなると3000万円の借入では月々の返済額は12万円を超えてしまいます。そこで予算を2000万円以下としました。

結局、最初に買ったマンションは1250万円に工事費用400万円で合わせて1650万円という金額になりました。ただし、月々の返済額は元の家賃と同じ8万5000円でしたが、管理費・修繕積立金に固定資産税・都市計画税があるため実際には月10万円以上かかってしまったのです。

そこで2軒目では月々の負担をより軽くするため35年ローンで組みました。金額は1250万円、リフォーム費用200万円で1450万円と総額も下がり、月々のローン返済額も4万円と半減して、家計はずいぶんラクになりました。

マイホームというと多くの人が「住みたい地域の相場」や「ローンの限度額」で買える家を決めると思いますが、自分たちがムリなく支払える月々の返済額から逆算するというのが、ポイントだと感じました。

嫁のひとこと②

家探しはママチャリで♪

結婚して住んだ家は大阪・京橋駅から徒歩10分の賃貸マンションでした。利便性も良く新婚補助が2万5000~3万円出るというのが大きな魅力です。

しかし、この補助制度には5年間という期限がありました。補助がなければ家賃は8万5000円。それなら家を買ったほうがいいと判断しました。

買うとなると「どこに買うか」というのが大きなテーマになりますが、私は結婚をきっかけに関東から大阪に来ており、当時、住んでいる街には私の友だちや子どもを育てる環境が整っていると思いました。ですから、近所に引っ越そうと考えました。

広さでいうと数分歩けば区が変わり、同じ家賃でも2LDKから3LDKになります。そこでエリアを隣の区に絞り、毎日、子どもが幼稚園に行っている間に

「Yahoo!不動産」をチェックしました。

マンションを探すときも戸建てを探しているときも、一番の条件は「広さ」でした。まず駅を指定して「駅徒歩10分以内」、それから金額を「2000万円」で入れて、あえて広さと学区の指定は入れませんでした。

とにかく毎日ひたすらネットで調べて「いいな!」と思える物件があれば、地図を見て自転車で探しに行っていました。土地勘があるので不動産会社に問合せをしなくても、だいたい場所はわかります。それで外から見るのです。

近所なので「本当に欲しい!」というほどの物件ではなくても、「ちょっといいかな」くらいでも見に行きました。そうやって数を見て回れば相場観も養われるし、その家のまわりを見ることで、近隣の住環境を把握できます。

不動産会社に問合せするのは見て気に入って、さらに金額がマッチする物件なので、そこまで件数はありません。そうやって周辺の相場を熟知したうえで、「ほしい家」を絞り込んでいきました。

第２章

いま狙うべきは都会の「理由《わけ》あり」住宅！

そもそも土地の値段って？

そもそも土地の評価方法や価値を指標化する際に使われる値段には、さまざまな種類があります。有名な基準となる価格に「一物四価（いちぶつよんか）」があります。

●公示価格

国土交通省が毎年1月1日時点の土地を算定した価格で3月に発表される。

●固定資産税評価額

市町村が発表する固定資産税を徴税するために固定資産税の算定の基礎となる土地価格。3年に一度の評価替えがあり、前年の公示価格の70％相当が評価水準。

●相続税評価額（路線価）

国税庁が発表する相続税・贈与税の目安となる価格。毎年1月1日を判定の基準日として評価するもので、7月に発表される。公示価格の80%相当が評価水準。

●実勢価格（時価）

実際に土地の売買が行われる価格。近隣の取引価格を参考にする場合が多い。

これに基準地標準価格（都道府県が発表する土地売買の目安となる価格）を足して「一物五価」ということもあります。基準地標準価格は公示価格を補う目的で、毎年7月1日を基準日として9月に発表されます。

ざっくりというと、実際の取引価格と、公的価格が4種類あるということです。

僕らが住宅を売買するときは、実勢価格で取引するのが普通です。これが金融機関の評価や相続税の評価では路線価が大きく影響します。

実勢価格と路線価に大きな差があるケースもあり、自分たちが思っているだけの価値が、その土地にあるのかはわかりません。

さらに土地の価値は人気の沿線・人気の学区・治安・広い道路に面している・面していないといった要素で大きく変わります。

車を持っている人なら広い道路にアクセスしやすい土地が便利だと思いますし、電車通勤の人は駅近が便利だと感じます。子育て中の人なら学区を重視するでしょう。

いずれにせよ、その土地に価値があるかどうかの判断基準には、複数の種類があるということを覚えてください。

その種類とは先述した国や自治体が定めた公的なものと、実際にマーケットとしての価格と、その人が思う価値です。

あともう一つ、覚えてほしいのは「坪表記」です。公的な土地価格の場合、土地の広さは平米で表されていることが多いですが、不動産情報を見ていると「○坪」という書かれ方をしていることも多いです。1坪は畳2枚分の広さを指し、1坪はおよそ3・33㎡で計算します。

得情報!!

路線価を調べてみよう!

路線価はインターネットで簡単に調べることができます。「全国地価マップ」（https://www.chikamap.jp/）では、住所を打ち込むだけで簡単に自分の家の路線価がわかります。

最新版の路線価ランキングを見ると、日本最高値は東京の銀座で、ナンバー2は大阪市の北区でした。大阪市はインバウンドのおかげで難波周辺も値上がっています。地方は価格下落に路線価が追い付かず実勢価格より高く、都心では路線価より実勢価格のほうが高い傾向にあります。

その他、平地より斜面のほうが路線価が高いところもありますので、銀行の融資の評価が左右されがちです。

ためしに近所の路線価を見比べてください。どんな道路の路線価が高いのかを確認してみましょう。

もちろん路線価の高い土地のほうが銀行評価も高いですが、購入目線としては、路線価が低くても値段が安ければ問題ありません。

むしろ、ご近所の路線価割安物件を徹底的に探してみてもいいでしょう。

八百屋でたとえるのならば、同じ産地で同じ時期に採れた野菜でも、虫に喰われた野菜や形が悪く曲がったきゅうりは安いですよね。そんな感覚で宝探しをしてみましょう！

「理由（ワケ）あり」住宅こそ、安くなる！

僕が推奨するのは**実勢価格の相場よりも安い住宅**です。

安い住宅がどんな物件かといえば、ズバリ、不動産屋がオススメしない物件です。

なぜオススメしないのか？　といえば、理由（ワケ）があるから。

なかには本当に手を出してはいけない物件もありますが、その「理由」の大多数は、問題をクリアできて許容できるものです。

その妥協と引き換えで金額が半額になったり、そこまで下がらなくても1割、２割は安くなります。その幅はリスクの許容度によって変わってきます。

つまり、みんなが避ける道に行けば、安い金額で住宅が手に入るということです。

ここでは、僕がオススメする「理由あり」住宅の「理由」を解説します。

・環境理由

- **所有者理由**
- **建物理由**
- **権利関係理由**
- **接道理由**

簡単に買える順でまとめると、環境が一番ソフトで、次に所有者の理由で売り急ぎ。その次に建物の理由でボロい、古い、権利関係があり、最後に再建不可（接道）となります。

難易度を★にして、もう少しくわしく解説してみましょう。

■環境理由 ★★★★☆

環境理由としては「近隣に工場があり、大きなトラックが始終出入りしている」、または、「大きな国道に面しており騒音がある」といったケースです。

不動産の短所といっても、長所と表裏一体です。それを飲み込めるかどうかです。

たとえば工場の近くにあり、昼間は騒音の絶えない住宅でも、その時間帯に誰も家にいなければ、そこまでマイナスにはなりません。

逆に、学校や保育園が近い物件は子育て世代に人気ですが、夜勤のある仕事をして昼間、家で寝ている人であれば、子どもの声や校内放送でなかなか眠れません。

また、家の前をトラックが行きかう国道沿いも、子育て家庭では好ましくない環境ですが、子どもが中学生以上であったり、夫婦二人であれば、そこまで気にすることではありません。

このような周辺環境の問題については、あなたさえ気にしなければそれでいいのです。

●擁壁の下にある家

ただし、環境理由でもやめたほうがいいのが「擁壁（ようへき）」の下にある住宅です。

「擁壁」とは、コンクリートブロックや石などを使用した壁状の構造物を指し、斜面が崩れないように設置する壁のことです。

隣の住宅と大きな高低差があるとき、土地と土地との境界に擁壁が設けられている場合があります。境界の位置により擁壁をどちらが所有するのかが変わりますが、擁壁を所有していなくて隣接しているだけでもリスクがあります。

というのも擁壁から水が流れてきたり、その水の影響で地盤が緩くなっていたりすることがあるのです。

また、高さが2mを超える擁壁をつくる場合、役所への確認申請が必要ですが、「法律が制定される前につくられた古い擁壁」「確認申請をせずに勝手につくられた擁壁」が、多く存在しています。

これらの擁壁は「不適格擁壁」といって安全性が疑わしいとされる擁壁となり、そもそも、こういった擁壁のある土地はオススメできませんが、その隣地も被害を受ける可能性があるので避けたほうがいいでしょう。

ちなみに役所の許可を得た「適格擁壁」には「検査済証」が発行されています。

●ハザードマップ

自治体などが作成しているハザードマップをご存じですか。ハザードマップとは避難所や、災害が起こりうる可能性のある場所をマッピングしたものです。

地震災害、津波浸水・高潮、土砂災害、河川浸水などいくつか種類があります。ハザードマップで危険とされている土地は、値段が安くなっていることがあります。あきらかに命の危険が差し迫るような土地は避けるべきですが、都会の土地であれば、そこまで気にしません。

なぜなら、日本のような地震大国で、また最近の台風やゲリラ豪雨など災害が多いなかで、絶対に安全な土地はないと考えるからです。

気になる方は、住みたい街の市区町村のサイト、また国土交通省の運営する「ハザードマップポータルサイト」(https://disaportal.gsi.go.jp/)を確認ください。

■所有者理由

★☆☆☆☆

所有者の理由で価格が安いのもお買い得です。何らかの事情で家を安く手放さなければいけないのですが、その家自体に大きな瑕疵があるわけでもないので狙い目です。

「**競売**(けいばい)」といってローン返済ができなくなった場合、裁判所が仲介をして入札式で購入する方法がありますが、その手前ともいえるのが「**任意売却**」(にんばい)物件です。僕が今住んでいる2軒目の家を買ったパターンでこれは美味しいです。

特徴としては、安くてとてもお買い得な場合も多いのですが、その代わりに急かされたり、「現金で決済してほしい」と言われたりする可能性があります。それでも総じてお買い得です。

また、よくあるのが相続税の支払いのため売り急いでいるというケース。ほかにも利益が出過ぎている会社が安く売却するケース。それ以外にも会社の経営が傾いたので、急いで現金化したいという逆パターンもあります。

いずれにしても、「土地」や「家」に問題があるわけでなく、あくまで「所有者」に理由があって安く売られているケースです。

■建物理由 ★★☆☆☆

続いては「建物」に問題のある場合です。こちらも理由がいくつかあるのでくわしく見てみましょう。

●古くて汚い家

建物が問題あるというケースで一番お買い得なのは、建物の躯体（くたい）や住宅設備は使えるけれど、ただ古くなって見た目に汚かったり、前所有者の荷物が置きっぱなしになっていたりする家です。

見た目のインパクトはあっても、荷物を撤去して、壁や床を張り替えるのは、そこまでコストもかかりません。

「築30年を超えているけれど、キッチンやバスルームは一度リフォームして入れ替えている。高齢夫婦が長く住んでおり、どちらかが亡くなり、どちらかが入院した……。よって、誰も片付ける人がいなくて、家財が置きっぱなしのまましばらく放置されている家」というようなイメージです。


単純に築年数が経っていて、**法定耐用年数**を超えていれば、建物に値段は付かないため土地値だけになります。そうなると安くなりますし、場合によっては土地の販売という形となって、建物の解体費も差し引いてくれるケースもあります。

前述したとおり、「法定耐用年数」というのは、法律で定められた建物の耐用年数で、木造住宅は22年です。木造の家が22年経ったら朽ち果てるなんてことはありません。

しかし、日本の金融機関では古くなった家を評価しないため、家は古くなればなるほど「価値がない」とみなされるのです。

むしろ海外の不動産は築年数が古いほど高いです。なぜかというと、長年建っていた信用があるからです。

これが日本になると、前述した法定耐用年数が基準ですから信用が加味されません。たとえば、建物の基礎にクラック（ひび割れ）が1つも入っていない築古の家は地盤が安定にしている証拠です。ほかにも床が5㎝傾いている物件があったとします。それは、建てて30年後の結果が5㎝ということです。

実際のところ、きちんとメンテナンスさえしていれば築30年でも築40年でも家は十分に住めます。ですから、古くても躯体のしっかりした家。さらにキッチン、バスルーム、トイレなど**水回りのリフォームが施されている家**を選ぶのがオススメです。

新築でこれから建つものに関しては、その品質や、場合によっては工務店が倒産するリスクもありますし、将来は誰にもわかりません。ですから建物が古いということは、そこまでマイナスに考えなくてもいいのではないでしょうか。

●瑕疵（かし）のある家

続いては、同じ建物理由でも「瑕疵（かし）のある家」です。

「瑕疵」とは重大な欠陥のことで、雨漏りや傾き、シロアリに柱などが喰われているといった家です。

このように土地に欠点はないけれど、**建物自体に重大なダメージがあるケース**も安くなります。

それこそ、よく住宅の本にも書いてありますが、「傾きのある家は避けましょう」「雨漏りする家もダメ」「シロアリが出る家などもってのほか！」というようなＮＧの家ですが、これらの難点はあえて飲みこみます。

本来、こうした瑕疵がある場合、契約不適合責任（瑕疵担保責任）といって、売主が保証をするのが一般的ですが、あえて担保責任を免責（瑕疵があっても売主に責任を問わない）とすれば、より安く購入するチャンスが生まれます。

傾き、雨漏りは直せますが、それだけリフォーム費がかかるデメリットもあるわけです。くわしくは第３章のリフォームのページを参照いただきたいですが、「必ず修繕しなくてはいけない箇所」の確認と、「できたら直したほうがいい箇所」、「直さなくてもいいけれど、キレイにしたほうがいい箇所」など優先度をつけて見積りを取ります。

あとは予算との兼ね合いで「私は３００万円で直したい」「私は５００万円まで出せる」など、その人のできる範囲で精一杯やればいい話です。そこに裁量権があるからこそ自分の判断が問われます。

リフォームはやりだすと際限なくお金がかかるもの。あれもこれもと欲張ったり、工務店の言われるがままに修繕していると、リフォーム代金が１０００万円を超えるので、そこのあたりの線引きをしっかりと決めておきましょう。

自分で見極めてコントロールができれば、これもお買い得です。なんら恐れることはありません。

●違法建築の家

建物理由には、そのほかに「違法建築」があります。それは建築基準法に違反している物件です。

増築して違法建築になったケースや、建築時は適法だったけれど法律が改正されて、違法建築になってしまった「既存不適格」というケースもあります。

違法建築の場合は、その違法部分を適法に直せるかどうかです。僕の家のように違法な増築がなされている場合は、その部分を解体すれば問題ありません。

■権利関係　★★★★☆

権利関係が複雑な土地の難易度は高いです。まず、**借地権**から説明しましょう。

借地権とは「借地権者が建物の所有を目的とし、地代を支払い、他人の土地を賃借し利用することができる権利」で地上権や土地賃借権のことです。借地借家法では、次のように定義しています。

借地借家法２条１号
借地権　建物の所有を目的とする地上権又は土地の賃借権をいう。

〝建物の所有を目的とする〟とあるように、建物がない駐車場、建物がない物置き場などはこれに該当しません。

借地権にはいくつかの種類があります。

●旧法借地権

１９９２年８月より前に成立した借地権、かつ１９２１年に制定された旧借地法に基づく借地権。旧借地法では、堅固な建物の契約期間は30年以上、非堅固の建物は20年以上の期間を定めなければいけないとされています。

契約書に定めがなかった場合、堅固な建物は60年、非堅固の建物は30年となり、この期間内、もしくは更新時に地主は借地人に対して明け渡しの請求は正当事由がないと認められないとされています。

また、存続期間の定めがない場合は建物が「朽廃」(建物が時間の経過によって社会的経済的価値がなくなること)すれば契約が終了します。つまり**存続期間の定めがあれば**(借地契約を更新し続けることができたら)、**半永久的に借りられる**のが旧借地権の大きな特徴です。

●普通借地権

1992年8月に制定された「借地借家法」で定める借地権の一つで、**更新のある借地権**を「普通借地権」といいます。契約満了時に、更新を拒否する正当な事由が地主の側になければ、借地人の希望によって契約は更新されます。

旧借地権では、借主側の権利が強かったのですが、新法では地主側の都合でも解約できるという規定が設けられました。

●**定期借地権**

普通借地権と同様に1992年に誕生した定期借地権は、**期間満了とともに土地を地主に返還しなければならない**借地権のことです。当初定められた契約期間で借地関係が終了し、その後の更新はありません。

ここで僕たちがターゲットとするのは「旧法借地権」です。なぜなら、借主側の権利が非常に強いからです。メリットもたくさんありますが、デメリットも多いです。メリット・デメリットを次にまとめましたのでチェックしてください。

●**借地のメリット・デメリット（旧法借地権）**

メリット
- 建物が存続する限り半永久的に住み続けられる。
- 所有権に比べて価格が安い。相場に比べて2~4割程度まで下がっていることがある。
- 土地に対する税金がかからない。土地の購入時の不動産取得税や毎年固定資産税や都市計画税がかからない（建物への税金はかかる）。

デメリット

・地代を毎月地主に支払う必要がある。

・銀行評価が低い。借地権付きの建物は銀行融資を受けにくくなる。ただし住宅ローンであれば借りることができる（金融機関による）。

・売却、譲渡、建て替え、リフォームに地主の許可が必要。その際に承諾料として支払いが生じる可能性が高い。

お寺や近所の古くからの地主さんが地主であれば、そこまでトラブルにはならないですが、底地権者が複数いるケースでは、急に地代の値上げにあったり、将来的に建替えを認めなかったりと後から困ったことになりがちです。

お買い得な借地権といえば、国の所有する借地です。これは希望すれば底地（借地権のある土地）を買い取れるので、所有している間は借地権にしておけば固定資産税が安く済み、売却する際に底地を購入して、所有権にすれば高く売ることができます。

最近、売られている定期借地権については、法整備がされているので心配はありません。割安であれば購入してもよいですが、あくまで「返さなくてはいけない土地」と認識しましょう。

僕自身は借地に苦手意識がありますが、旧法借地権の家を持っていると、相続税対策をしている地主さんから「底地を買いませんか?」というオファーを受ける可能性もあります。底地を安く買えれば土地の価値が大きく上がります。

借地にはそうしたラッキーな話もありますし、逆に代替わりした地主が地代を値上げしてくる……といったリスクもあります。

借地権の住宅のほかに、1軒の家なのに複数の共有名義になっており、その一部だけが売られているケースもあります。そういった物件を安く手に入れて、共有名義人から安く買い取るやり方もありますが、大変難しいので初心者にはオススメできません。

■接道理由

接道理由 ★★☆☆☆

接道理由 ★★★★★

「**接道義務**」という言葉をご存じでしょうか。

都市計画区域内で建物を建てる場合には、原則として幅員4m以上の建築基準法上の道路に、2m以上接した土地でなければならないと定められています。

接道義務とは？

かんたんに言うと、

「道路に対して間口が2m以上ある土地は建物を建てられますよ」

という基準のこと（例外あり）

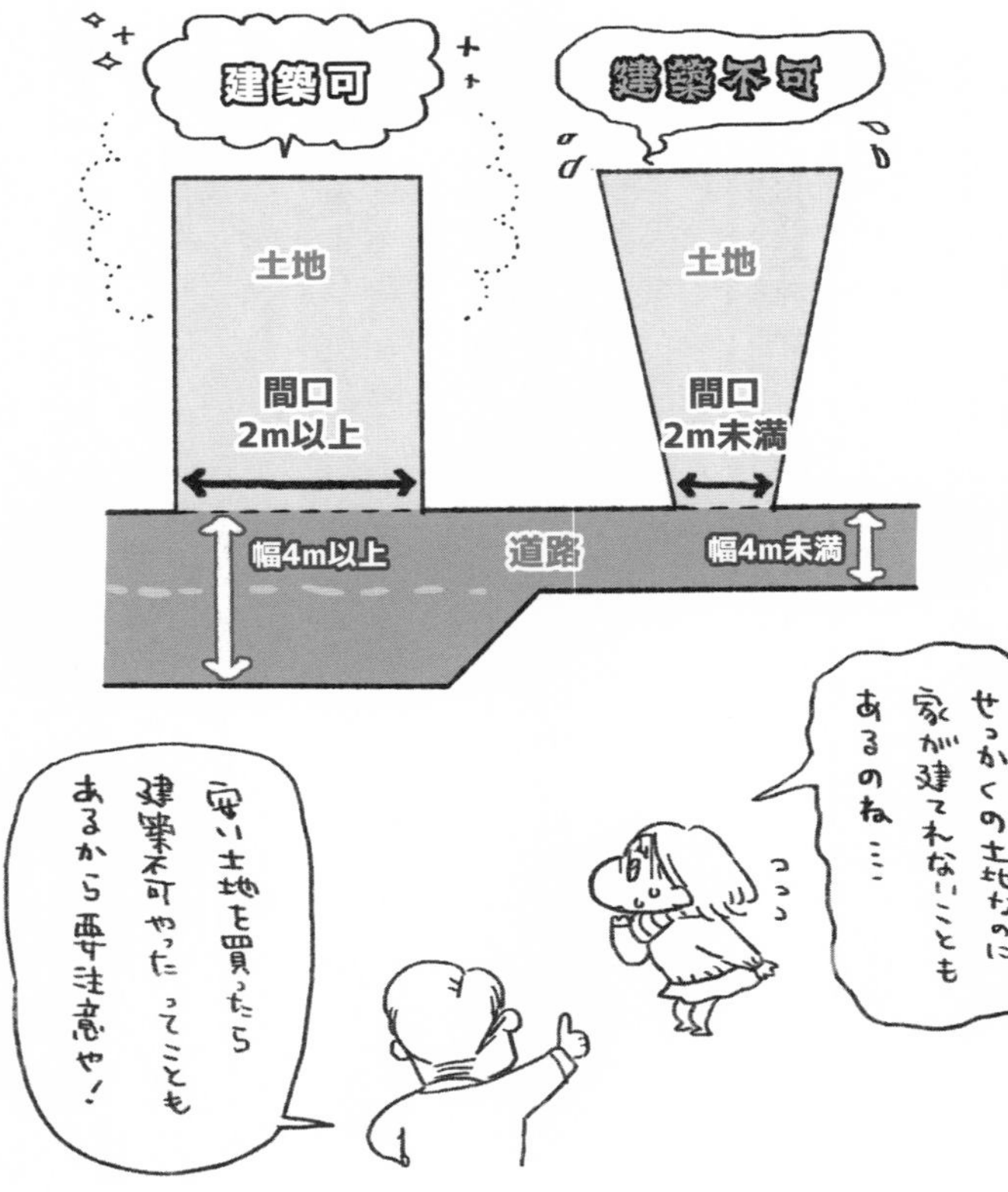

接道が2m以下であれば、どれだけ広い土地であっても家は建てられないと法律で決まっているのです。そのため、接道義務を満たしていない土地は価格が安くなります。接道理由でもっとも土地の価値が下がるのが**「再建築不可」**です。つまり2m未満しか接道していない土地です。接道義務を満たしていないことになるため、建替えができません。

また、再建築不可には種類がいくつかあります。同じ2m未満の接道でも、良い再建築不可と、悪い再建築不可があります。

まずは2mはないけれど公共道路に面している場合です（79ページの図1参照）。法律上の道路に面している再建築不可です。建て直しはできませんが、ちゃんと道路に面して出入りすることができますし、出入りに関して誰にも文句は言われません。このような再建築不可は「買い」です。

逆によくないのは奥の細道のようなタイプ。幅わずか1mくらいの道の奥に建つ物件です。これを**「旗竿地」**（はたざおち）といいますが、さおの部分が長いケース（79ページの図1と83ページの右下の図が組み合わされたケースです）。これでは土地の効率が悪いし、工事するにも材料を運ぶのが大変なので、余計なお金がかかります。もちろん車も停められません。しかし、自分の土地を通っているのが救いです。

逆に、よその土地を通らなければ家に入れなかったりすると、とたんにトラブル率が高くなります。くわえて配管が他人の土地を通っているケースが多いため、それも爆弾です。そのため、再建築不可は単に間口、接道がないだけの再建築不可が圧倒的にいいです。

ほかには、2m以上接道しているように見えるけれど、建築基準法上の道路ではないケースです（79ページの図2参照）。そこが道路ではなくて水路で、法律上の道路ではないため、再建築不可というケースもあります。

見た感じは普通の家ですし、車も停められるケースもあります。要は、昔のドブ川にフタがしてあって、そのフタがちゃんとしたアスファルトで道路のようになっているタイプです。

見た目はただの道路ですし車も置けます。しかし、法的な道路に面していないので再建築不可となります。なんの不自由もないので、お得な物件といえます。

首都圏にありがちなのは、位置指定道路の奥にある間口の狭い家のケースです（79ページの図3参照）。

この場合、コの字形に家が並んでいる路地の一番奥の家の間口が２ｍを満たしていないケースと、位置指定道路の権利を隣地が持っており、見た目は接道しているけれど実は袋地だった……というケースもあります。

最もよくないのは囲繞地（いにょうち）に囲まれた袋地です（79ページの図4参照）。囲繞地とは、他の土地に囲まれて公道に通じていない土地（袋地）にとって、その土地を囲んでいる土地をいいます。

袋地はその土地の人との兼ね合いが重視されるのですが、他人の土地を通る必要があるため、隣人が快く思っていないケースが多いです。

とはいえ、法的には通行権を持っています。しかし近所のおじさんが「俺の家を横切るお前を許さない。通させない！」と声を荒げてくる可能性もあるので一番やっかいです。

このようにひと口に再建築不可といっても、接道が法的に２ｍを確保していなくても自分の道路があったり、自分の土地がちゃんと公共道路に接していれば、それほどヘンなことは起きません。

僕は１０００万円未満で現金で買えるレベルなら、借地よりも再建築不可のほうが好きです。

というのも**再建築不可のほうが大化けする**可能性があるからです。

たとえば、小さな家が立ち並ぶ再建築不可の地域が開発されるような話です。つまり地上げ狙いです。不動産会社がその一帯の家を買い上げて、大きなビルにしたりマンションにしたりするのです。

再建築不可に対しては、火災を心配する人もいますが、火事で全焼する可能性はとても低いものです。建物が古くなっても壁と柱だけを残す形でのリフォームで、新築同様に修繕できます。

■再建築不可の種類

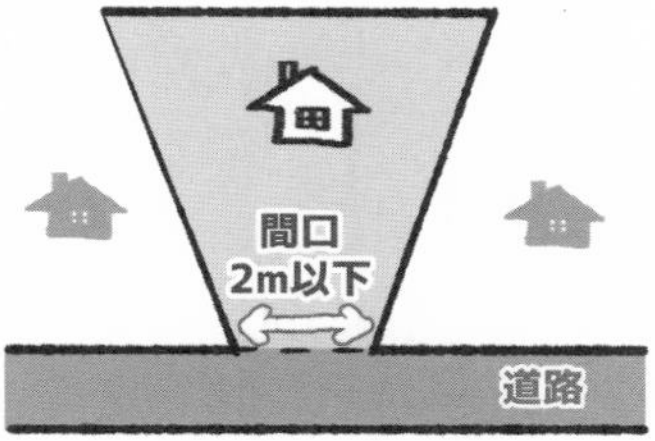

図1
道路に敷地が接しているが
間口が２ｍ未満の場合

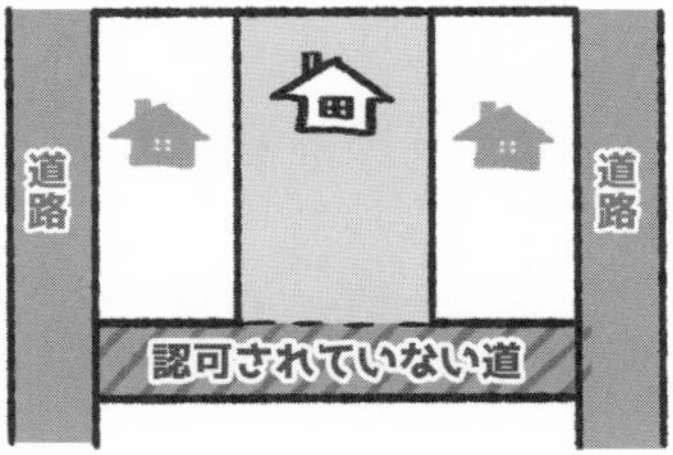

図2
敷地と接してる道が
道路では無く
誰かの土地や私道の場合

※国や市町村が
　認可していない道は道路にならない

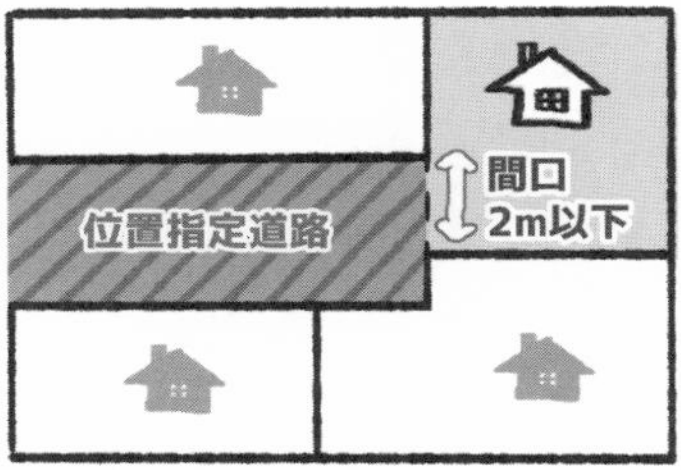

図3
位置指定道路※
に接しているが
間口が２ｍ以下

※国や市町村に「道路にしてもいいよ」
　と認可してもらった私道のこと

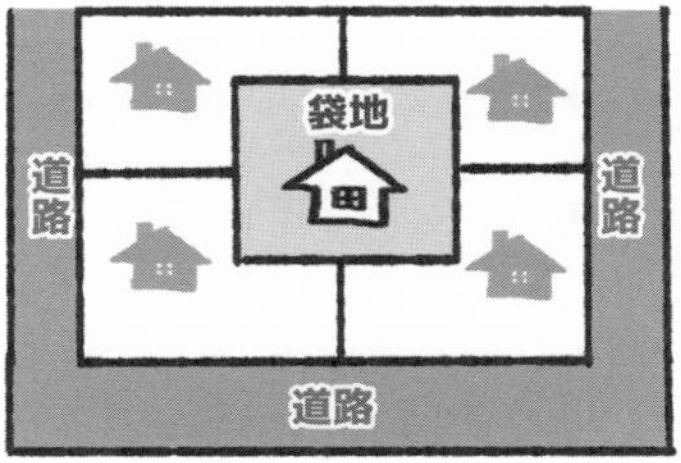

図4
敷地が道路に
接していない場合

このほかに、「**42条2項道路**」があります。

前述したように、建築基準法において、接道義務（4m以上の幅のある道路に2m以上接道）を満たしてしていない土地には建物が建てられないという規定があります。じつは、この建築基準法の道路に関する規制には例外があるのです。建築基準法が施行された1950年、当時は道路も整備されていないため、ほとんどの建物はこの規制をクリアできない状況でした。

そこで、建築基準法は42条2項に例外を設け、ある一定の要件を満たす道路であれば、「幅が4m以上でなくてもよい」としたのです。

その例外にあたる道路は、「42条2項道路」、「**みなし道路**」と呼ばれています。1950年11月23日以前から建物が立ち並んでいる幅が4mに満たない道で、特定行政庁が指定した道路は「建築基準法上の道路」とみなされます。

42条2項道路では、道路の中心線から2m下がった線が道路の境界線とみなされ、敷地の一部が道路部分とみなされます（セットバック部分）。

建て替えにあたっては、セットバック部分を後退させて道路とすれば、建物を建てることが可能になります。

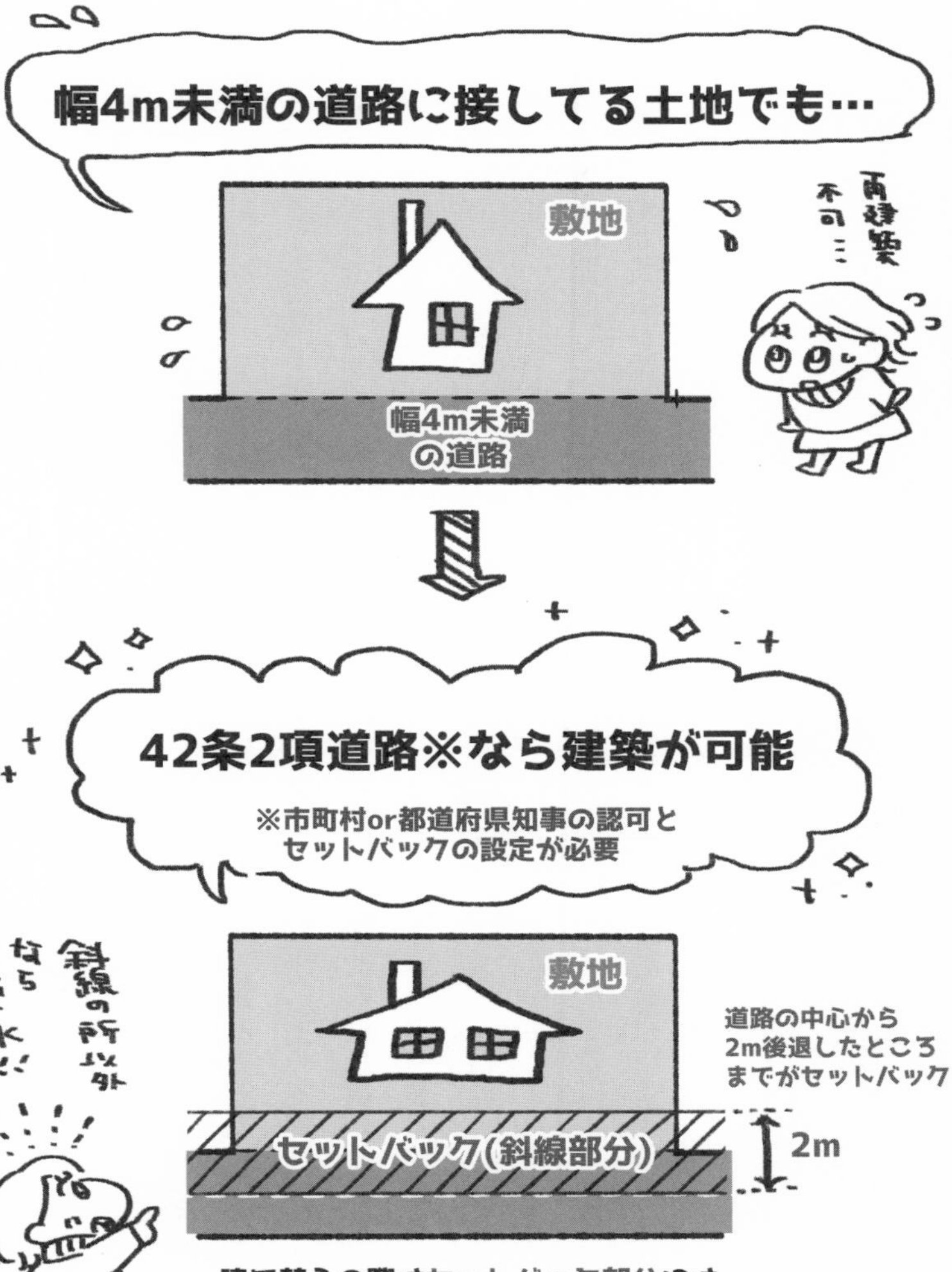
幅4m未満の道路に接してる土地でも…
敷地
幅4m未満
の道路
再建築
不可……
42条2項道路※なら建築が可能
※市町村or都道府県知事の認可と
セットバックの設定が必要
斜線の所以外
なら
建築OK!!
敷地
道路の中心から
2m後退したところ
までがセットバック
セットバック(斜線部分)
2m
建て替えの際はセットバック部分には
建物を建てることができない

■そのほかの理由

心理的瑕疵　★★

お墓の隣りや、事故物件（自殺や事件などがあった物件）も安く買えます。心理的瑕疵のある物件ですが、気にならない人にはお買い得といえます。気の持ちようでしょう。

ただし、「大島てる」(https://www.oshimaland.co.jp/) のような事故物件情報サイトに掲載されてしまった場合、次の売却が難しくなるかもしれません。とはいえ、安ければ買う人が必ずいるので、事故があったから売れないということにはなりません。

不整形地　★

接道条件は充たしているものの、土地の形が三角形や五角形、または旗竿状になっているなど、土地利用が難しい形状をしている土地を「不整形地」といいます。

金融機関からの土地の評価が低くなるため、また、家を建てにくくなるため、整形地に比べて安くなります。不整形地だからといって、ものすごく値段が安くなることはありませんが、相場より安く買える可能性があります。

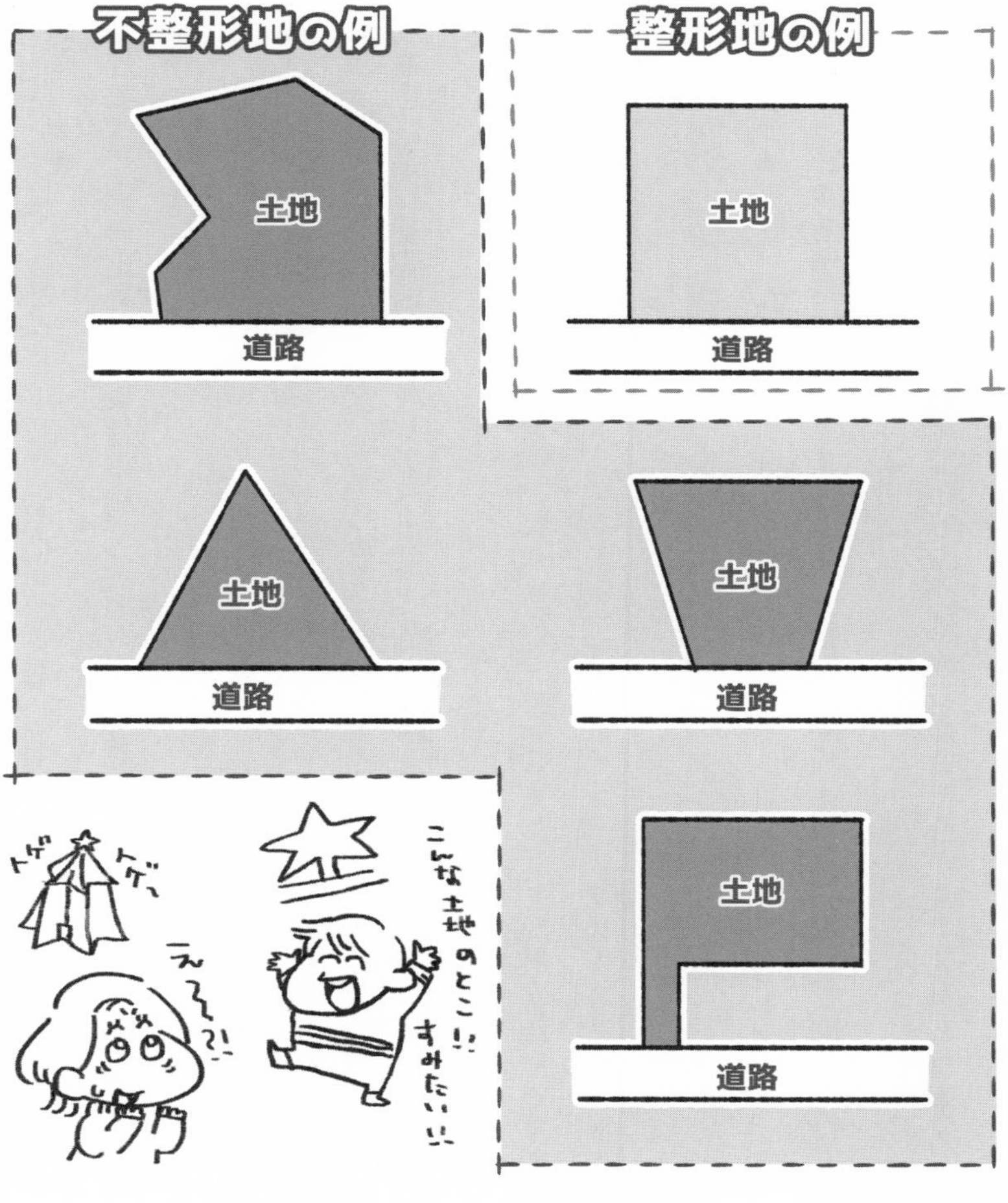
不整形地の例
整形地の例
土地
道路
土地
道路
土地
道路
土地
道路
土地
道路
トゲ
トゲ、
えぇ〜〜?!
こんな土地のとこ!!
すみたい!!

違法建築　★★

違法建築は、国の定めた建築基準法や条例の規定などに違反している建物を指し、「違反建築物」とも呼ばれます。

また、建築時には合法であっても、後からリフォームで増改築したことにより違法な状態になった場合も違法建築になります。

そのほか、建築時には適法だったものが、その後、法令の改正や都市計画変更などにより、現行法に対して不適格な部分が生じた建築物を「**既存不適格**（きぞんふてきかく）」といいます。

「違法建築」と「既存不適格建築物」では、同じ違法であっても意味が違いますが、どちらのケースでも「現在の建物と同じものに建て替えることはできない」という点については同じです。

値付けミス　★

不動産業者による値付けミスです。本来の価値が反映されていない、間違った安い値段で売られていることがごくまれにあります。

たとえば、都会の土地を所有しているのが地方のお金持ちのケースがあります。地方のお金持ちが亡くなって相続が行われた際に、相場を知らない地元の業者が都会の土地を販売することもあります。

不動産はその地域によって値段が大きく変わるものです。また、相続は急ぎで売却するケースも多いため、その地域のことをよくわかっていない業者さんが早く売るためにつけた値段が相場に比べて圧倒的に安いケースはありえます。

こういった住宅は、とくに理由なく安くなっているので大変お得です。

得情報!!

残置物もりもりの家はお得!

今は家余りの時代です。たとえば、おばあさん、おじいさんが入院してお亡くなりになり、長らくほったらかしにされていた家も安く買える可能性があります。その家に大量の残置物があり、遺族も「この家はいらない」となれば、残置物ごと引き取ってもらえる買い手に安く譲りたいからです。

空き家は見た目のインパクトはありますが、土地に対してのマイナスではないので、家の汚さはあまり関係ありません。

得情報!!

新築はオススメしません！

新築はあまりオススメしませんが、それでも「一生そこに住んで骨をうずめる」くらいの気持ちなら、新築を買ってもいいと思います。

僕が新築をオススメしない理由は、もし5年くらいで引っ越しをしたら、新築プレミアムの分だけ削られて損をするからです。ですから10年以上、20年くらい住むのであればいいと思います。

それから市況もあります。タイミングが悪ければ土地は値下がりします。逆にいえば、土地値が上がる可能性もあります。それは誰も読めないことですし、そんな偶然性が高いところに35年ローンをぶつけてもいいのだろうかという話です。

長く住めば住むほど残債は減るため、売って借金をチャラにする、プラスにするには長く住めることがリスクヘッジになります。

また市況の波は上がったり下がったりを繰り返しますから、長く住んで価値の動きを知れば「今が売りどき！」というタイミングを把握しやすいです。

第3章

最強の住宅を買うための3ステップ

ステップ1 住宅を探してみよう

第3章では、具体的にどのように住宅を探して買っていくのかを3つのステップで解説します。まずは**住宅の探し方**からです。次は**リフォーム**、3つ目は**出口**です。

■エリアの決め方

では、利便性が良く、自分にとって住みやすい場所を安く買うためにどうすればいいのでしょうか。**まずは購入エリア**の決め方です。

僕の場合は、賃貸で住んだ場所が気に入りました。何年か住んでそこでの生活に慣れたころには土地勘が養われています。そのエリア内で嫁が物件を探しました。

このような手順を踏めば、そんなに大きな間違いが起きません。これを名付けて「**賃貸で先潜入作戦**」です。

ですから今は賃貸に住んでいて、その住環境が気に入っているのなら、その近所で探してみるのがオススメです。

同じ町のなかでも良い場所と悪い場所、便利なエリアと不便なエリアがあります。人気のある学区があれば、そうではない学区もあるものです。

エリアを絞って、何かを妥協することで安く不動産が手に入ります。それが何なのかは次項でくわしくご紹介します。

■相場の調べ方

まずは**適正価格**をわかっていなければ、その物件がお買い得なのか判断のしようがないわけです。

適正価格を知るには、その地域で物件を見ておかねばなりません。それは八百屋と一緒です。

八百屋やスーパーで売っているモヤシでも、太くてごついモヤシと細いモヤシで値段が違います。また、根が切ってある、切っていないかでも変わります。不動産もそれと同じです。

だからこそ、自分が賃貸で住んでいる場所がオススメなのです。

ただし、一つ問題があります。というのは、**理由（ワケ）あり物件は相場がわかりにくい**……というネックがあるのです。

不動産でも、一般の当たり前な接道のある物件は、相場がわかりやすいです。これが借地や、接道のない物件だと、同じような物件の数がないため相場が出にくいです。比べるものがないので、値付けも不動産屋さんがオーナーに「いくらにしますか？」と委ねがちです。そのため、思わぬ安い物件のある一方で、理由あり物件なのに、とくにお買い得でもない物件も存在するため、やはり相場をしっかり調べましょう。

相場を知るには、自分の家の近所をまずは把握すること。それと理由の難易度から、「これは安どれがお買い得で、どれがお買い得でないのか。それと理由の難易度から、「これは安く買わなければいけない土地だ！」とか、「これは多少高くてもいいんだ！」という**目利き**をすることです。

もちろん目利きは素人にとって難しいですが、それでもエリアが狭ければできます。地域をぐぐっと絞れば可能です。そうなると主婦は強いです。

感覚としてはチラシでスーパーの洗剤や卵などを見比べる気持ちでやれば大丈夫です。ネットで情報を探して自転車に乗って見に行けばＯＫです。

得 情報!!

両手物件を狙ってみよう

ほかには、業者さんの仲介手数料が両手で取れる物件もお買い得のときがあります。

「両手」というのは、不動産の売買仲介会社の仲介手数料の受取り方を表す不動産業界の専門用語です。仲介手数料を、売主・買主の双方から受け取ることを指します。どちらか片方のみから受け取る場合が「片手」です。

一般的には売主から売却の依頼を受けた仲介会社（元付け業者）が買主を見つければ両手になります。たとえば同時に二人の買主が現れたとします。元付け業者が買主を見つけたときと、外部の売買仲介外会社（客付け業者）が見つけたときは、元付業者が見つけた買主が優先されます。なぜなら両手で仲介手数料が倍になるからです。ほとんどの不動産会社はこれを目指しています。

本来、売却依頼を受けたら、不動産業者間の情報ネットワーク「レインズ」を使って売り情報を周知します。

そこから問合せがあると必然的に片手になります。「レインズ」に掲載されていれば、どこの不動産会社からでも買うことができますが、本当は自社で買主を見つけたいと望んでいるのです。

いずれにしても、不動産会社からすれば、両手になるのがもっとも得なので、両手物件を積極的に進めたがる傾向にあります。

また、両手ということは買主と直接つながっている業者という意味ですから、状況によっては「指値」（さしね）と呼ばれる値引き交渉がうまくいく可能性もあります。「指値」については、98ページでくわしく説明しますね。これは売主、買主双方と直接やりとりできる両手取引ならスムーズにいきやすい交渉です。

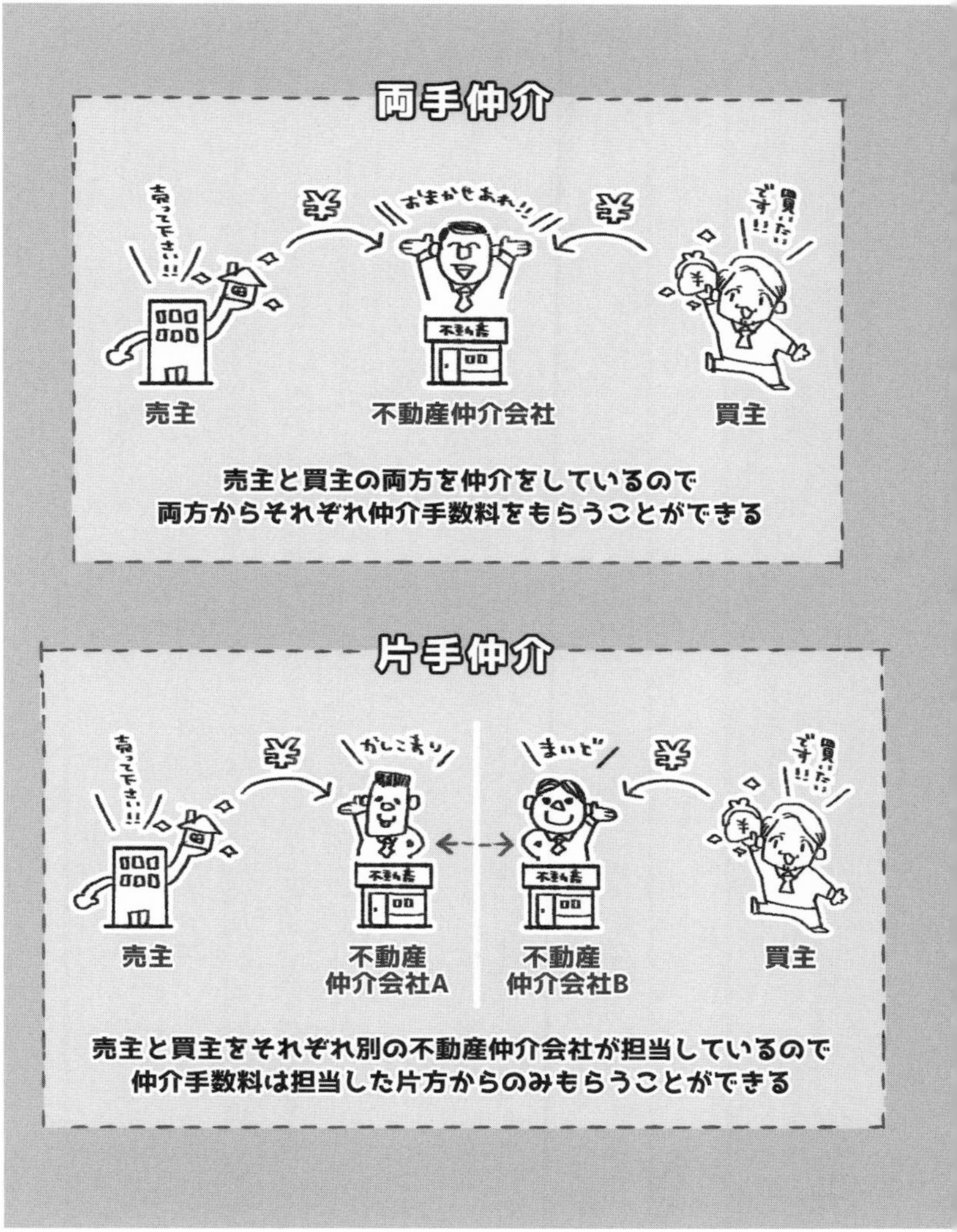
両手仲介
売って下さい!!
おまかせあれ!!
買いたいです!!
不動産
売主
不動産仲介会社
買主
売主と買主の両方を仲介をしているので
両方からそれぞれ仲介手数料をもらうことができる
片手仲介
売って下さい!!
かしこまり
まいど
買いたいです!!
不動産
不動産
売主
不動産
仲介会社A
不動産
仲介会社B
買主
売主と買主をそれぞれ別の不動産仲介会社が担当しているので
仲介手数料は担当した片方からのみもらうことができる

■未公開物件とは？

未公開物件とは、前述した業者間ネットワーク「レインズ」に掲載されていない物件のことです。業者が内々に販売している売物件を指します。

一般的に不動産情報はオープンな情報で、インターネットにおいて幅広く流通します。むしろ売買仲介において、「流通させなければいけない」という法律があるのです。

ですが、地元の業者が地元で売りたい、地主さんが地元で売りたい事情からで、内々で動く物件もじつは多くあります。未公開物件だからといって異常に安くなるわけではありませんが、たまに掘り出し物もあります。

なかには「未公開です！」と安いように見せておきながら、割高な物件を売るケースもあるので**目利き**が必要です。

■購入までの流れ

物件を探してから購入までの流れを確認してみましょう。

① 物件探し

これはひたすら**ネット**で探していくのが基本です。

中古マンション・一戸建ての物件探しは、検索サイトなどを使って自分で行うほか、不動産の売買仲介会社に頼むこともできます。最近は、物件購入とリフォームの両方をサポートする仲介会社も多くあります。

② 物件選び

中古物件は売主が住んでいる物件が多いので、現地見学は仲介会社への予約が必須となります。見学時には、日当たりはもちろん、水まわりが使えるかどうか。間取りの使いやすさ、どんなリフォームがしやすいかチェックしましょう。気になったこと、確認したいことは仲介会社に聞きます。

中古マンションは室内はもちろん、管理費・修繕積立金の金額と、修繕積立金がしっかり貯まっているかかどうか。「長期修繕計画書」の内容も確認しておきましょう。

また、管理規約や使用細則などでリフォームのルールを定めている物件もあります。このため仲介会社を通して、希望のリフォームができるか確認しておく必要があります。

③ リフォーム会社選び

物件が決まり建物の状況もわかったところで、次は**リフォーム**に進みます。リフォームの詳細は次のステップで解説しています。

④ 住宅ローン選び

物件探しと並行して**住宅ローン**も進めます。住宅ローンで住宅の取得費とリフォーム費用をまとめて借りるケースと、リフォーム費用を別に借りるケースもありますが、リフォームローンの金利は住宅ローン金利より高いケースが多いです。

中古住宅を買ってリフォームする場合は、**住宅とリフォームの費用をセットにした住宅ローン**を借りるようにしましょう。住宅ローンについては第4章でくわしく解説しています。

⑤ 売買契約・決済

物件を決めたら購入金額、手付金の額、引き渡し時期などの**購入条件の交渉**を、仲介会社を通して売主と行って、条件の合意ができたところで「**売買契約**」をします。その後に「**決済（引き渡し）**」します。

契約時には、売買契約書と重要事項説明書を契約日の前日までにしっかり読んでおきましょう。そこで不可解な点を見つけたら、仲介業者を通じて必ず確認します。聞いてみて納得がいかなければ契約を流しても大丈夫です。そこではお金がかかりません。「わざわざ金融機関やリフォーム会社に動いてもらったのに申し訳ない」と負い目を感じるかもしれませんが、そこで問題のある物件を買ってしまうほうが被害が大きくなります。

むしろ金融機関も問題のある物件には融資をしたくないものです。「権利関係でおかしいことがわかったので」などと事実を伝えれば大丈夫です。

⑥リフォーム工事

引き渡し後にリフォーム工事がスタートします。家賃の支払いと住宅ローンを二重に払う時期を短くするためにも、リフォーム工事はスムーズに進め、早く入居ができるように段取りしましょう。

物件選びの段階でリフォーム会社を決めて、売買契約の前にリフォーム計画と見積書の検討を済ませておけば、決済後すぐにリフォーム工事が行えます。リフォームの見積書の見方、契約時の注意点については「ステップ②リフォーム編」を参考にしてください。

マル得情報!!

値引き交渉にチャレンジ

中古住宅の価格は、希望小売価格みたいなものです。

あくまでも売主が、「これくらいで売れたらいいな」という理想の価格が書いてあるので、その価格は絶対ではありません。希望小売価格で売れない場合は、値下げすることもよくあります。

ですから、自分の希望の価格で交渉することができます。これを「指値」（さしね）といいます。

金額を決めたらＡ４の書類１枚で購入意思と希望価格を伝えます。これを「買付証明書」といいます。

金額を決めるときは、自分の中で査定をしてください。自分の基準で「この家がいくらなら買いたいか？」を決めます。

あくまで「私はこれを買いたい」「この金額で買いたい」という意志表明なので、それが半額でも構いません。「あまりにも安いと不動産屋さんが怒るのでは？」と心配される人もいますが、不動産屋さんが金額を決めるわけではありません。あくまでも彼らの仕事は仲介です。

僕自身、購入基準が決まっており地域の不動産の相場も頭に入っているため、つけられている値段とかけ離れていても平気で値引き交渉します。その代わり、ダメならダメで深追いしません。

■購入前にオススメのホームインスペクション

条件に合う住宅が見つかったら、リフォーム会社に同行してもらって、建物の耐震性能や雨漏りの有無など、修繕が必要な箇所があるか、修繕費用はいくらかかりそうか確認してもらいます。

僕自身はいつも不動産を購入する際には、**信頼できる大工さん**にお願いしています。この段階でまだリフォーム会社を決めていなければ、**ホームインスペクション**（住宅診断）をお願いするのがオススメです。

ホームインスペクションとは、住宅に精通したホームインスペクター（住宅診断士）が、専門家の立場から住宅の劣化や不具合の状況について調査を行い、欠陥の有無や補修すべき箇所、その時期などを客観的に検査するものです。

アメリカでは一般的に行われているそうですが、日本でも２０１８年から宅建業法が改正されて、次のように中古住宅取引の際にホームインスペクションの説明が義務化されるようになりました。

- **媒介契約の締結時に建物状況調査を実施する者のあっせんに関する事項を記載した**

書面を依頼者に交付する
・買い主等に対して建物状況調査の結果の概要等を重要事項として説明する
・売買等の契約の成立時に建物の状況について当事者の双方が確認した事項を記載した書面を交付する

建物状況調査というのがホームインスペクションのことで、中古住宅を取り扱う不動産会社は売買契約前の重要事項説明時などにおいて、ホームインスペクションを行った履歴を申し送りしたり、あっせんしたりなどを行うようになりました。

なお、このホームインスペクションにかかる費用は5～10万円程度です。

㊙得情報!!

耐震工事が必須なら補助金を申請しよう

まず建物には、耐震基準というものがあります。そして、大きな分け方として旧耐震と新耐震があります。

１９８１年、新耐震基準にはある一定の基準をクリアされていて、旧耐震だとほとんど耐震性能がなく、震度６の地震で倒壊するリスクがあります。

ですから旧耐震基準の建物であれば、耐震工事が必要だと認識したほうがいいでしょう。つまり、その分だけリフォーム費がかかります。

耐震の補助金も視野に入れてリフォームのプランを考えましょう。

得情報!!

税金優遇が受けられるリフォームって？

家を買う人にとってお得な税金優遇といえば、国のやっている「住宅ローン控除」（住宅借入金等特別控除）が有名ですが、ほかにも各自治体のリフォーム減税、住宅リフォーム助成制度などがあります。

たとえば、住宅ローン控除が適用されるためには「一戸建ては築20年以内、マンションは築25年以内」などの条件があります。しかし、これより古くても、次の条件を満たせば受けることができます。

・現行の耐震基準に適合すると証明された住宅

・購入後に耐震改修工事（リフォーム）を行って、現行の耐震基準に適合すると証明された住宅

また、リフォーム減税では「省エネ・バリアフリー」のいずれかの条件に合うリフォームを行う場合、所得税の控除や固定資産税の減額なども受けられます。こういった情報をしっかり調べて使えれば、よりお得に家を持つことができます。

ステップ2
リフォームで快適な家づくり

家探しの後は**リフォーム**です。中古住宅購入にあたっては、**リフォーム会社選び**は欠かせません。予算立てから会社の選び、工事の発注の仕方まで網羅します。

■リフォーム予算を決める

まず一位は予算です。建物の状態を見て、最低限必要なことを確認します。屋根を直さなければいけない、外壁を直さなければいけない、躯体（くたい）を直さなければいけないなど、要は**躯体、構造の部分**です。これには必ずお金かけるべきなので、最初に見て予算を決めます。

予算を決めたら、どこまでが許容範囲なのかを検討します。

外国の雑誌で古いものを生かしている事例を参考にします。

そのほかに、リノベーションマンションを見て参考にしてもいいでしょう。しかし、いわゆる高額リフォームの「新築そっくりさんタイプ」は参考になりません。リノベーションをしたカフェや雑貨屋さんなども参考になります。

僕のオススメは海外の民泊に泊まることです。海外といっても近場のアジアでかまいません。海外旅行はハードルが高いかもしれませんが、自分の既成概念とは全く違うリノベーションのアイディアに出会うことがあります。

このようにお金をかけずキレイに快適にしているリノベ物件を見るべきです。

プロの業者が手を入れて、古い物件を魅力的によみがえらせたような物件はとくに参考になります。そうするとサイズ感や仕様感が理解でき、自分がどういうものを求めているのか、どこにこだわりたいのかが見えてきます。

新しいキッチンや収納など居住性なのか、それともデザイン性なのか。もちろん、その両方が重視できればよいのですが、人によってその比重は変わってくると思います。

そこで**限られた予算で、どこにお金を投入するのか**。デザインであれば大工さんにオーダーメイドし、一般的なキレイさを求めるようであれば、量産品を使えばいいでしょう。

その際は施主支給せず、インターネット通販で最安値を調べてプリントアウトしたものを渡せば意外に安くなります。値段が出ているため業者への牽制(けんせい)にもなります。

■リノベの極意、必ずしも便利なものが一番ではない!

床一つとってもさまざまです。

僕の自宅の床は無垢《むく》材を使っています。ただしC級品の安物のため節《ふし》だらけで、そこまで見栄えがよくありません。それでも天然の無垢は素足で歩くと気持ちいいですし、時間が経つにつれ色が濃くなって風合いが出てきます。

対して、量産のフローリング材を使うやり方もあります。フローリング材にも多くのグレードや性能がありますし、耐久性とデザイン性からフローリング材ではなくて、フロアタイルを使う人もいます。これは塩化ビニール製でタイル状の床材です。柄のバリエーションが豊富で、素材感をリアルに表現したものもあります。

風合いがあっておもしろいもの、精密なもの、こればかりは本当に好みによりけりです。好きにすればいいでしょう。

要するにクラシックカーが好きな人と、スーパーカー好きな人の違いみたいなものです。必ずしも便利なものが最優先されるわけではありませんから、そういう楽しみ方もあるということです。

安いリフォームのコツは、**自分がどちらにこだわるか**で大きく変わります。

量産品でもいいからピカピカの新品でそろえたいのか、あるいはその逆か。量産品のもっとも値段が安い商品があれば、それなりによいものができます。

「値段が安い＝ダメ」ではないのです。量産品はそれだけ汎用性が高く、人気のある商品ということです。

たとえばスーパーで売られているお買い得の商品ですが、これは安物買いではなく、それが旬の野菜や魚だからです。その季節ごとの一番美味しい時期のものを多くの人が求めているから安く買えるのです。

逆に高い値がついているのは、旬でもないのに年間を通してビニールハウスで栽培したり、手間ひまをかけてつくっているからです。それが美味しいかといえば、また別の話になります。

■一点豪華主義でいこう！

はっきりいえるのは、「大量生産がもっとも安い！」ということです。

ただし、量産品ばかりだと面白味に欠けます。上から下までユニクロの地味な服を着ていたら、何のとがりもありません。どこか1点でも大事にしたいところがあれば、そこだけにこだわってみるのもいいでしょう。

とくにこだわりがなければ、賃貸物件で行っているリフォームが適正でかつローコストで行えます。

もちろん、「すべてを賃貸グレードにしましょう！」ではなく、システムキッチンにこだわりたいならお金をかけてもいいでしょう。

それほどお料理をがんばらないのなら、キッチンよりも床を無垢材にするなど、一点豪華主義に重点を置くのがいいと思います。

賃貸物件の考え方は予算を決めて、その予算内でやりくりすることです。

賃貸=安普請（やすぶしん）と思われるかもしれませんが、賃貸は入居者のニーズに合わせて、予算のなかでやりくりをしているのです。

そのためには**賃貸物件のリフォームをやっている工務店に依頼する**のもオススメです。

そうすると予算の考え方がわかります。

一方で、注文住宅は仕組みが違います。基本価格があり、それにプラスして「床暖房を入れますか？」「浴室乾燥を入れますか？」となります。おそらく、そこで利益を取っていく仕組みなのでしょう。ただし僕らはトッピングのない素うどんを頼めばいいのです。

得情報!! 海外の雑誌に学べ

デザイナーをやっていた僕の意見として、「日本の住宅雑誌だけでなく、海外の雑誌を買って欲しい」と思います。なぜかというと、日本はスクラップビルドの文化ですが、海外は昔からあるものを生かす文化だからです。

古い物件を魅力的にリノベしていたり、DIYをして個性的に仕上げている部屋があるのです。区分マンションでも一戸建てでも、海外の住宅雑誌を見たら古い物件の生かし方が載っています。

日本の商品といえば画一的で似たような商品ばかり。いかにも「ザッツ・ジャパニーズ」です。どこもかしこも無印良品みたいなイメージで同じ方向に向いています。その点で海外の物件は個性が重視されていておもしろいですから、ぜひ選択肢として知っておいてほしいです。

■安易にやってはいけない激安テク

リフォームを安くする方法を知りたい人は多いと思います。じつは安くする方法はいくつかあるのですが、安くなるから……と素人がやりたくなるもののなかには、安易にやってはいけないやり方もいくつかあります。

ここではあえて**「やってはいけない激安テクニック」**としてお伝えします。

①施主支給はするな!

「施主支給」とは、自らインターネットやホームセンターなどで探してきた安い建材や設備などを購入し、それを工務店に渡して工事してもらう方法です。

しかし、僕は工事に慣れていない人の施主支給をオススメしません。その業者さんなりの作業工程があるのに、素人が部材を手配したところで現場が迷惑をするだけです。ですから初めての住宅で施主支給はやめたほうがいいと考えます。

また、住宅建材や設備にはさまざまな規格があり、使えると思って注文した部材のサイズが合わず使えない……といったトラブルもあります。施主支給をするなら、業者さんに了解を得て、そのうえで使えるものなのか確認すべきですが、そうしたことに協力してくれる業者さんは少ないです。

そんなにほしい物があるのなら、そのページをプリントアウトして「これを使いたいです」と工務店に渡せばいいだけです。そのときにもっとも安い価格を探して、その値段もプリントしておきます。すると先方にこちらの予算感を理解してもらうこともできます。


2番目は、工務店から渡してもらったパンフレットのなかから選ぶことです。

そのパンフのメーカーが運営するショールームへ行って、実際に商品のグレードを確認します。そうすることにより、不必要なものが付随している事実もあきらかになります。パンフだけを見ていると「オプションを付けましょう!」「みなさん食洗機を付けていますよ!」など、かなり誘導されてしまいます。本当にそれが必要なのか、いらないのかはショールームに行けば機能がすべて明記されています。すべて直に触れることができますし、販売スタッフから説明が聞けます。

実物に触れたほうが納得できていいと思います。

それも工務店がオススメするメーカーを選んだほうが、割引率も高い可能性があります。

ただし、メーカーの利益率が高い商品をすすめてくる可能性もあります。とりあえず、その工務店のオススメするメーカーにもグレードはあるわけですから、それを確認していくことにより予算内で抑えられます。また、このような手続を踏んで話し合えば工務店との関係性はよくなります。

工務店がすすめるメーカーのショールームで商品を探しているうちに、もっとよいメーカーが見つかれば「こちらのメーカーはどうですか？」と工務店に相談してみましょう。

自分の希望だけを要求しない。しかし、工務店の意見をうのみにしないのも大切です。

②　ＩＫＥＡは使うな！

こちらは前述の①の施主支給と同じなのですが、安くて見栄がするＩＫＥＡの製品……とくに水回りに使いたいと希望される人が多いように感じます。

人気のＩＫＥＡですが、たしかにカッコいいかもしれません。ただ、こわれたときの修繕で、同じ商品のストックが無いため取り換えが効かない可能性もあり注意が必要です。保証の面でも国内メーカーと比べたら弱いと思います。

なによりも職人さんがいやがります。

これが日本製のメーカーであれば、たいていは10年間ほど商品の在庫をストックしていますし、アフターフォローに関しても万全です。ＬＩＸＩＬの場合は代理店や特約代理店がたくさんあるため、たとえ自分が頼んだ工務店が倒産してもなんとかなります。

これをＩＫＥＡや中国をはじめとした激安な輸入建材にすると、保証に期待できません。自分がすべて責任を負うのはとても面倒くさいことです。ですから、よほどこだわりがある人以外は、国産の量産品にしておくのが無難です。

とくに水回り設備はあとでトラブルになると大変だからやめたほうがいいでしょう。

③大工の造作を入れるな！

リノベーション住宅に住むのなら、デザイン性を高めたいものです。奥さんの強い希望で大工に造作してもらうケースがあります。いわゆる市販されていないオーダーメイドです。

これらは自由度が高いけれど長持ちしない欠点があります。まず、木材でいえば反り返しますし、水回りが腐りやすいです。たとえば天板が木材でボウルが置いてあるような洗面所です。

それよりは既存の商品のほうが長持ちします。造作は10年で交換するくらいに考えてください。

ちなみに、我が家ではアイランドキッチンを造作しました。今は8年目で、木の部分が腐ってこわれかけています。木の上にタイルを張っていて、タイルの下の防水をちゃんとやっていなかったために反ってきているのです。

建具もつくってもらいましたが、湿気を吸って反ってきました。梅雨のシーズンともなれば戸が閉まらなくなります。

これが既製品の建具であれば、プリント合板でつくられています。言ってみれば偽物ですが、反らないし軽くて安いです。なにより手作りに比べて量産品のほうが精密です。

なお、造作はこのような理由からあまりオススメしませんが、そのデメリットがわかっているうえでオーダーするならＯＫです。

■工務店の選び方

ひと口に工務店といっても規模はさまざまです。

いわゆる一人親方がやっているような職人に毛が生えた工務店から、地場の中堅どころで数十人くらいの従業員を抱える規模もあり、新築部門もあればリフォーム部門もあるところもあります。

■見積りサイト参考

ホームプロ

https://www.homepro.jp/

ホームプロは、株式会社リクルート・オージーキャピタル（大阪ガス100%出資）・NTT西日本・NTT東日本が出資する企業です。リフォーム会社紹介サイトの草分け的な存在で、匿名で8社の見積りをとることができます。サイト内にはリフォームの予算、見積書の見方など基本的なことが学べます。

リフォームコンタクト

https://www.reformcontact.com/

LIXILが運営する提供するリフォーム会社紹介サイトです。LIXILは、トステム、INAX 、新日軽、サンウエーブ工業、東洋エクステリアの5社が統合して誕生した国内最大の建築材料・住宅設備機器業界の企業です。LIXILの加盟店ホームプロと同じく、最大8社の見積りがとれます。

規模が小さい工務店は工事が安い場合も多いのですが、経営が不安定な可能性があります。

上に紹介するリフォームの見積りサイトに登録している工務店であれば、ある程度の基準や技術を満たしています。従業員数や工事の許認可もそこでわかるので工務店を選ぶ参考になります。

一般的にリフォーム見積りサイトはアフィリエイトサイトが多いのですが、この二つは大手企業が運営しており、加盟店に一定の基準が設けられています。建築業の許認可を取得しているか、従業員の数、施工実績、ユーザー評価、保険対応なども明記されています。

大手の会社だからよいというわけではありませんが、どのような工事に対応できるのかがわかるため安心です。

許認可が記載されていると、自社工事で対応できるのかが、ある程度は判別できます。たとえば、水道工事だけであれば、水道工事業者に依頼すればよいのですが、内装工事と水道工事と電気工事といった総合的な工事なら、自社で複数の工事に対応できる職人を抱えているほうが安くなります。

工事を安く行うやり方はいろいろあります。職人さんに直接頼むやり方もありますが、ここでは一般の方でもできる**工務店発注のやり方**をお伝えしていきます。

まずは工務店の規模をある程度は把握すること。前述したとおり小さい工務店は安くて小回りが利くけれど、工事が止まる、もしくは工期が遅れるリスクもあります。

そのため**工事代金を最初に全額を払わない**のも大事です。着手で3分の1、途中で3分の1、最後に3分の1と分割して払うようにします。そうしないと工事代金だけもらって、まったく工事をしてもらえないこともありえます。

ありがちなトラブルでいえば、知り合いの紹介。同級生や遠い親せき、友だちの友だちなど、いろいろなケースがありますが、いわゆる口コミは良いときと悪いときのギャップが大きいように感じます。

うまくはまれば安くてよい工事ができますが、トラブルがあった際に知り合いを通している関係上、泣き寝入りするはめになったり、もしくは紹介者も巻き込んでトラブルがこじれる可能性もあります。

得情報!!

小さな工事向けの紹介サイトもあるよ！

建物の状態がそこまで悪くない場合、洗面台だけ交換したい。一部の窓だけを交換したいといったように、ピンスポットで小さな工事を頼む場合に便利なサイトがあります。

それは「くらしのマーケット」(https://curama.jp/) です。

「くらしのマーケット」には、ハウスクリーニング、引越し、リフォームなど住宅に関することを中心に、そのほか出張カメラマン、出張着付けなども含めれば、予約できるカテゴリが２００種類以上あります。

会社だけでなく個人事業主の登録も多く、料金がしっかり明記され口コミなどもわかるので安心して使えます。

得情報!!

工務店の大工さんに頼もう

大工さんにつくり付けの家具やオリジナルのキッチンなどを造作してもらうこともあります。

その場合は工務店の大工さんに頼むのがコツです。つまり、別工事ではなくて、リフォーム工事のなかに組み込んでもらいます。その分の見積りもつくってもらいましょう。

僕の場合はウッドデッキをつくってもらいました。「こんな感じのつくりですが、いくらでできますか?」と見本を見せます。

作業をするのは大工さんですが、あくまで工務店に頼みます。全体を通して相談でき、工程を把握しているのでスムーズに行えます。

見積りの取り方

複数の業者さんに見積りを取って比較することを「相見積（あいみつ）」といいます。

この相見積のやり方で間違えてはいけないのは、「同じプランで同じ条件で出すこと」です。

たたき台になる見積りA案を用意して、それにすべてそろえます。

B案はそれを踏まえて工務店に出してもらいます。それにくわえて、「ウチだったらこれをオススメします」という提案も出してもらいます。

このようにして**最低でも3社から相見積り**を取ってください。

また、相見積を取る際は各社にその旨を伝えたほうがスムーズです。

次に見積書の見方です。

見積書には書き方の規定がないので、各業者さんによって書き方が違います。そこで部屋ごとにキッチンは60万円、リビングは50万円とまとめてもらえれば、予算が比べやすくなります。

このようにして工事を部屋でわけたうえ、その内容をそろえることが大事です。

クロスや床の張り替えであまりにも安い場合は、張り替えではなく補修のケースもあります。

ですから相見積をとるのは同じ条件でやるのが鉄則です。業者からの提案は、こちらが考えつかないようなうまいやり方や、既存のものを生かしたアイディアが出る場合もあります。

くわえて、見積りの内容でよく理解できない部分があれば、具体的に何をどうするのか確認してメモを取っておきましょう。そうすることで工事内容が比べやすくなり、発注してからも「言った、言わない」のトラブルを防ぐことができます。

得情報!!

ちょっとずるい手を教えます！

僕が不動産投資をはじめたばかりのころに行っていた「ずるい技」があります（ちなみに今はやっていません）。

まず3社ほど工務店を選んで見積りを取ります。その際には、必ず「3社ほど相見積を取ります」と事前に言っておきましょう。

さて、こんな見積りが出ました。

①値段がもっとも高いが、もっともよいアイディア
②値段は普通で、普通のアイディア
③値段は手ごろだが、アイディアがない

その際に、一番よいアイディアだった①の工事内容で、一番安い③の工務店に依頼します。こんなことを自分がされたらイヤですが、値段を下げてよい工事ができます。

そのほか、アイディアはほぼ同じで、値段だけがバラついている場合は、普通の値段の工務店に、もっとも安い工務店の値段で工事してもらえないか値引きの交渉をしてみるのも手です。

なぜ、もっとも安い工務店を選ばないかといえば、これは一概にはいえないですが、ある程度値段をつけている工務店のほうがしっかりした体制の会社が多いからです。

そして、安いところほど、腕が悪かったり工事がずさんだったりする可能性があります。なぜなら安くて腕が良ければ仕事が殺到して、徐々に値段を上げていくのが一般的だからです。

安かろう悪かろうとは断言できませんが、とくに理由もないのにほかと比べて、すごく安い場合は要注意です。ちなみに安くなる理由とは、「安い部材を使っている」「職人の数が少ない（工期が遅くなる）」「家族経営（従業員を雇っていない）」といったものがあります。

■リフォーム工事の流れ

ここからはリフォーム工事の流れを解説します。家を購入してから引越しができるまで（工事が完了するまで）にはある程度の期間がかかります。なるべくスムーズに行うためには、家探しの段階からリフォーム会社の選定を進めておくことがオススメです。

①どんな家にしたいのかイメージを固める

理由（ワケ）ありの家は、たいていそのままでは住めません。場合によっては大がかりなリフォームが必要になることがあります。そこで最初にどの程度のリフォームを行えばよいのかを調べます。

前提として物件購入時に「水回りが使える・使えない」、屋根や躯体（くたい）などが使えるかを確認しておき、そこに「どれくらいの修繕が必要なのか」を事前に把握している状況からはじめます。

②リフォーム予算を決める

どんな部屋にしたいのかイメージを固めたら、希望するリフォームでどのくらいの費用になるか目安を立てます。実際にいくらかかるかも大事ですが、いくら払えるか（借りられるか）の観点で予算立てをします。

必ずしなくてはいけない工事（屋根・躯体・水回り）を行うことにくわえて、内装デザインなども込みで考えます。あれもこれもと欲張ると際限がなくなるので、絶対に必要な工事と自分や家族が重視したい部分を絞り込みます。

③リフォーム会社（工務店）を探す

リフォーム会社を探します。探し方は115ページを参考にしてください。担当者との相性もありますので、見積りだけでなく会った時の印象なども覚えておきましょう。リフォームの進め方、工事期間も確認します。

選んだ会社に現地調査を依頼し、希望内容を伝えたうえで見積書の提出を依頼します。複数社から「相見積（あいみつ）」を取ります。

そして、提出された見積書から1社に絞ります。その際の注意点は、金額だけでは判断しないことです。工事内容はもちろん、施工体制、保証内容などもしっかり比較して選びましょう。

④リフォーム工事の請負契約を結ぶ

最終的なリフォーム内容や見積りを確定させてから正式に工事請負契約を結びます。契約書のチェック事項については次ページを参考にしてください。

⑤リフォーム工事を行う

着工時にリフォーム費用の一部を支払うケースが多いです（支払いのタイミングは130ページを参照）。マンションの場合、管理組合にリフォーム工事の申請を行います。リフォーム工事中は、工程表どおり工事が進んでいるか、契約どおりの工事内容になっているかを確認しましょう。工事の追加や変更がある場合は、その都度書面に残すことでトラブルが避けられます。

⑥引き渡し

リフォーム工事が終了したら、確認の検査（竣工検査）を行います。その後、工事費の残金精算をして引き渡しを受けます。

■契約書のチェックポイント

契約書とは、リフォーム工事請負契約書のことです。

工事の注文者と請け負う会社が、工事の金額や支払方法などについて、お互いに取り決めをするための書類です。

後のトラブルを避けるためにも100万円を超える工事であれば、必ず契約書を交わしましょう。

契約書とリフォームの工事内容を記した見積書がセットとなり、その書類のとおりに工事をしてもらう契約をします。工事内容を示す書類には、見積書のほか、図面、仕様書、パース図などがあり、その工事規模によって変わります。

契約時で明確に工事内容が記載されていなければ、トラブルに発展しやすくなりますので、誰が見てもどんな工事をするかハッキリわかる書類を作成してもらいましょう。

契約書の確認のポイントは次のものになります。

・見積書の金額と契約書の金額は合っているか

契約前にもらう見積書と契約書の内容は同じになっているものですが、リフォームの場合は、見積書の価格から値引きがあったり、工事内容が少し変更されていたりすることもあります。

また、見積りの変更を業者が忘れていたなどの理由で、反映していないケースもあります。そこで金額と内容を再確認します。

・工事期間

リフォーム工事請負契約書には工期を書く欄があり、ここに日付が書いてあるかどうか確認します。

・住宅リフォーム工事請負契約約款

住宅リフォーム工事請負契約約款とは、リフォーム工事請負契約書と別に約束事が書かれたものです。

細かい字で書かれていて少し読みにくいですが、そこに工事の保証期間や工事が遅延した場合の違約金、事故が起きた場合はどうするのかなど、重要な内容が書かれています。とくに**保証**についてはしっかり確認しておきましょう。

契約前に、建築請負契約書の中身をしっかりと見ましょう。また、工事が遅れたときに、どのような対応をしてくれるのかもチェックしましょう。

工事業者が**保険**に加入しているかどうかも、必ずチェックしておくべきです。前述したリフォーム会社紹介サイトでは保険加入についても記載されています。

■リフォーム費用はどうやって支払う?

工事費用の支払いは一度ではなくて、複数回に分けて払います。小規模リフォームであれば、総額の2分の1を工事のスタート時に支払い、工事完了後に残りの金額を支払うことがあります。

これが大規模なリフォームになると、契約時・着工時・工事完了時の3回払いのケースが多くなります。場合により工事の中間にも一度支払いを入れて、計4回に分けることもあります。

いずれにしても支払いの回数やタイミングは業者によって異なりますので、事前に支払時期を確認して、その費用を準備しておく必要があります。

それらは契約前にしっかり確認し、契約書に明記するようにしましょう。

なお住宅ローンを利用する場合には、その支払時期に合わせて金融機関から必要な金額の融資を受けることになります。

支払回数にあわせて融資してくれる金融機関もありますが、工事が完了してからまとめて融資実行となる金融機関もあります。

その際には融資実行前……工事前や途中に支払う金額は、「**つなぎ融資**」といって別の融資を受けて支払う必要があります。

■支払いの時期と回数の例

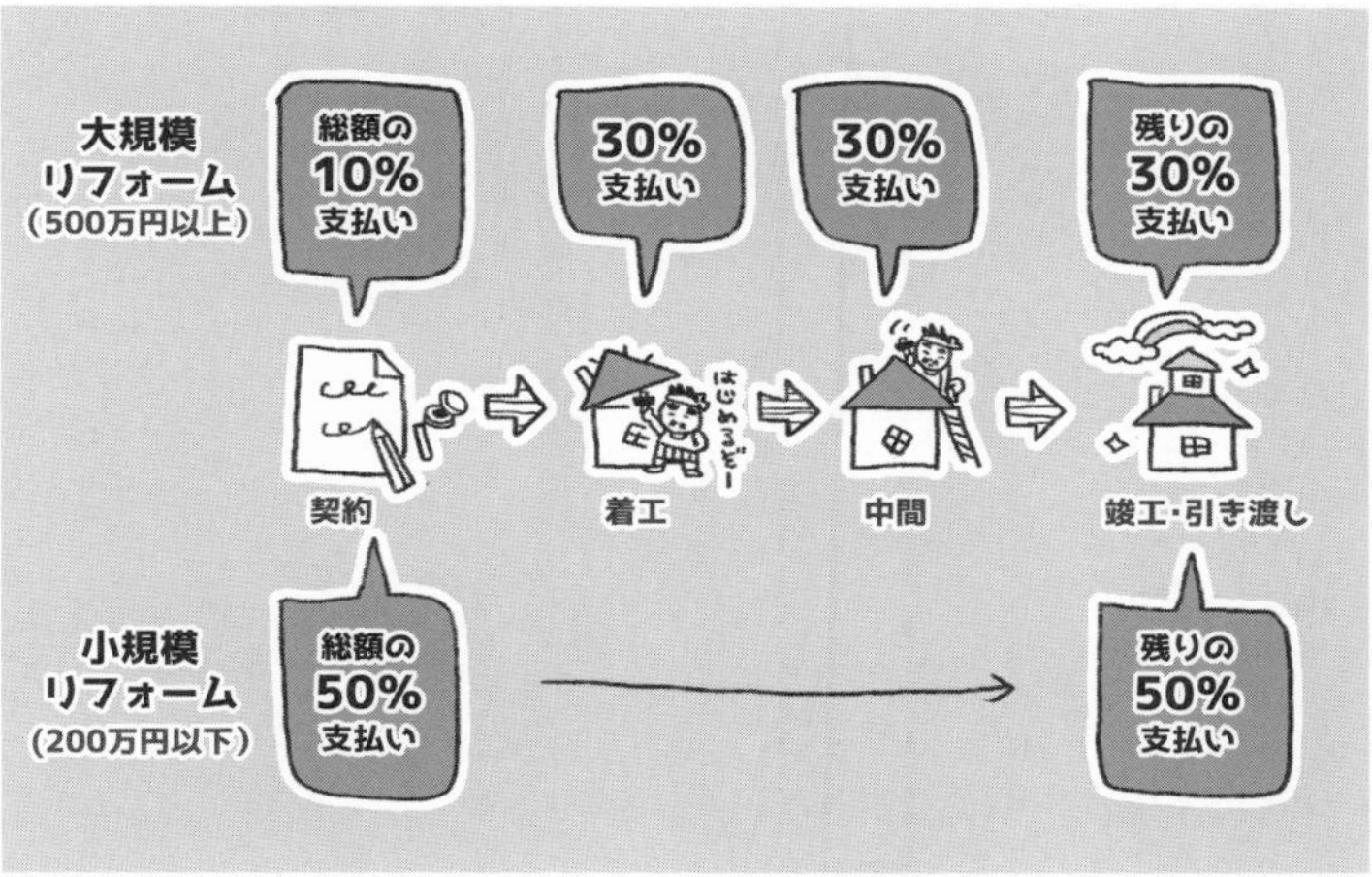

ステップ3

買う前に考える「出口」

ステップ3は出口です。出口というのは「最終的にこの家をどうするのか決めること」です。買う段階でそこまで考える人はいないように思えますが、じつは**購入時に出口を考える**のはとても大切です。

■最終的にどうするのかを考えて買う

家を買うときに「出口」を考えるのは絶対に必要です。一生のうちで1つの住宅に住み続ける考えなら、出口は必要ありません。

しかし、自分の生活に合った家を探そう、生き方を探そうとしている人にとって、自分の生活する場所が変わる、収入が低くなるといった思いもよらない事態へ対処するには、「**自分の家はいくらで売却ができるのか**」を知り、どれだけ損をするのか、得をするのか目星を付けておかなければいけません。

○年後の売却をどう想定するかは、自分のなかで目星をつけておきましょう。

たとえば子どもが生まれたら、「この子が高校に入学するまで十何年くらいは住むかな？」とか、転勤のある仕事なら、「あと5年以内に異動があるかもしれない」、そういったことを自分で考えておくのです。

僕の場合ですと、最初に中古マンションを購入したときは、50歳くらいになったら親の介護も必要になるだろうから、それまでに住宅ローンを完済しておきたいなと考えました。

一方、出口として、２年であろうと3年であろうが、この金額なら売って逃げられるという考えは買ったときからありました。

ですから速攻ですぐに売るパターンと、最後の出口の２種類の考えを持っていたのです。

すぐ売るときの考え方として、たとえばその自宅を賃貸で借りていたとしたら、「家賃はいくらになるのかな？」というのが基準です。

年間の家賃収入が１００万円だとしたら、３年住んで売るときに３００万円マイナスで売ってもＯＫと考えます。

考え方はこうです。たとえば新築で建物が約1500万円だとしたら、15年も住めば年間100万円くらいで一戸建ての新築に住めたことになります。普通であれば、新築の戸建て賃貸に年間100万円では住めません。

そして、最低でも10年以上住めば築10年で、土地の値段＋αで売ることができるでしょう。それなら損はしないかなという計算です。

つまり、まず家賃換算をしてみて、そこから自分の終着点を探るのです。別に儲からなくてもいいので、著しい損や生活が破たんするような、恐ろしい足かせになる借金が残ることのない、自分の安心な採算ラインを引っ張っておくのです。これが僕の出口に対する考え方です。

「すごく損をしなければ、多少の損切りでも構わない」という人がいれば、僕のように「自宅でちょっと儲かりたい」という人もいるので、それは自分のなかで落としどころを決めてください。そうすれば、すごく損をすることはなくなります。

■出口の種類は4パターン

出口の種類には**「建て替え」「売却」「貸家にする」「貸家として運営」**の4パターンあります。

・建て替え

一番目にあげた建て替えですが、たとえば自分はもう住まないけれど子どもが建て替えて住むケース、つまり次の世代にあげるイメージです。

実質は持ち続ける流れですが、自分が住めなくても子どもに住んでもらうわけです。

売却以外に自分が住まなくなった後の使い方としては、建て替えて自分や子どもが住む手があります。

「再建築不可物件は建て替えができないのではないか?」と思われるかもしれませんが、柱だけ残して新築そっくりに家をリフォームする方法もあります。

・売却（土地として・中古住宅として）

売る場合、直して売るかそのまま売るかがあります。

どちらが得か？　どちらが損かは地域の不動産屋さんに相談しましょう。

現状のままで売ってしまうと、自分の手間暇がかからない代わりに安くなってしまう可能性が高いです。

一般的に**直したほうが高く売れます**。ただし、リフォーム代金より高く売れるかはわかりませんので、そのままで売ったほうがよい場合もあります。

古い物件をキレイにして高値で売るのはプロがやる世界です。プロのやり方としては再販といって、付加価値を高めて値段を乗せている売り方です。

僕の一軒目の家である中古マンションは、ある程度の金額をかけてリフォームをしたために、損はしていませんが、利益もありませんでした。

また、売却には地域性も関係します。高く売れるエリアで、現状有姿（そのままで売ること）だと低く見られてしまうようであれば、リフォームしたほうがよいでしょう。こういうことは地域の不動産屋に聞かないとわからないものです。

・貸家にする（貸家として所有、貸家として売却）

それ以外にも**貸家として運営する**方法があります。

くわしいやり方は僕の本『50万円の元手を月収50万円に変える不動産投資法』（ぱる出版）に書いてありますので参考にしてください。

貸家にするのはものすごくハードルが高いように思えるかもしれませんが、じつはそんなことはありません。貸したかったら客付けの仲介業者さんに相談すると、すでに貸し方が決まっていますし、入居者も募集してくれます。

お金の面で考えると、一発で大きなお金が入ってくるのか、それとも地道に年金のように入ってくるのを選ぶのかということです。

僕のオススメは、年金のように入ってくる**家賃収入**です。短所は不動産屋や管理会社からたまに連絡が来ることくらいでしょうか。入居者と直接やり取りをする自主管理もありますが、**管理会社に任せる**のが無難です。

「住宅ローンを借りたまま、別の家に引っ越せるのか」という問題があります。

住宅ローンが残っているうちに引っ越しをしたい、今の家を貸したいときは、金融機関にきちんと報告する必要があります。

いずれにせよ住宅ローンが残っている前提であれば、住宅ローンを持ったまま借りられるかどうかが肝になります。

貯金があったり年収が多かったり、夫婦で働いていれば、借りられる可能性はあります。

それこそ転勤や、家族が増えたという理由での住替えは問題ありません。このように基準をクリアしていれば、その人の属性や与信で借りられます。もちろん元の自宅は貸すこともできます。

そこで、**自宅を貸したらいくらになるのか**収支を考えます。僕のケースですと、家のローンが月に4万円強でした。実際には固定資産税もあるので、月々5万円の支出です。しかし、その物件を貸すとなれば家賃10万円が相場だとしたら、10万円−5万円の差額で5万円です。これでキャッシュフローといわれる利益になります。

要は、入居者が住宅ローンを払ってくれて、さらにプラスの利益まで運んできてくれるのです。次の家に住み替えるための理想の形で、言うなれば**不労所得**です。

普通に月5万円を得ようとすれば、時給1000円のパートで働いた場合、月に50時間も労働をしなければなりません。つまり、50時間も嫁が家を空けて外に働きに出なければいけないのです。

それを自分たちが住まなくなった家が稼ぎ出してくれるということです。

ですから**自宅で稼げるのかどうか**、まずは検討することをオススメします。

新しい住宅ローンが組めるかどうか、ちゃんとキャッシュフローが出るのかどうかという条件はありますが、基本は自宅を安く買えていれば理屈上は可能なはずです。

得情報!!

理由は「家賃」に反映しない！

大事なポイントは、権利関係がおかしかろうが再建築不可だろうが、家賃にはそこまで反映しないということです。

物件の売買ではマイナスポイントが金額に反映され、割安物件となります。しかし、それが賃貸に家賃が反映するかというと、じつは反映しないのです。それよりも駅からの近さや学区、建物の状態のほうが重視されます。

ですから理由（ワケ）あり物件を貸し出すと、コスパがよい可能性が高いのです。さらには貸した状態で売ることもできます。これは投資物件としてオーナーチェンジで売る方法です。

普通の家であれば、みなさん買ったら住みたいので、空き家で取り引きされるのが一般的です。

一方で、不動産投資物件は入居者がいるのが当たり前です。入居者がいて「毎月

10万円も稼ぐ家ですよ！」となれば、それを基準に売買価格が決まります。

先ほどの僕の家を例にすると、４万円のローンの家が10万円で貸せて、ランニングで月１万円かかっても月５万円のプラスです。

利回り10％で売ると１２００万円で売れます。この場合は、オーナーチェンジで売るよりはマイホームとして売ったほうが高く売れるケースです。

家賃が高く貸せるようなエリアだと賃貸のオーナーチェンジにしたほうが高くなる場合もありますし、逆に賃貸に出すよりもマイホームで売ったほうが高くなるケースもありますから、その家によっての適正な売り方があります。

ただ一番良いのは空っぽでも売れる、賃貸でも売れるくらい選択肢が豊富にあるほうが、いろんな状況に対応できますから理想的です。

得情報!!

区分マンションと戸建ての売却の違い

本書では僕の経験を踏まえて、おもに戸建て物件の実例を紹介しています。

ですが、区分マンションであろうと戸建てであろうと、金銭的に圧迫しない物件であれば再現できます。

自分の生き方が変わる、幸せに近づく、金銭的な負担が少なくなる買い方、返し方ができる不動産なら、戸建て、区分に限らず買っていい物件です。

ただし区分マンションは、管理費や修繕積立金といったランニングコストがかかります。エレベーター1基に対して戸数が何戸あるのかでもコストが変わるので、なるべく規模の大きいマンションのほうが望ましいです。

また、築年数の経ったマンションほど、管理費・修繕積立金の金額が高くなりがちです。

くわえて区分マンションは、旧耐震基準（1981年以前の建物）、新耐震基準によって、融資がずいぶん変わるので、そこも注意点です。

戸建てに比べて区分マンションのいいところは、中古のマーケット市場が確立されている点です。同じマンションの同じ階がいくらで売れたかというデータがあるので、相場がわかりやすく売りやすいといえます。

逆に言えば、「ものすごく安く買える」、「ものすごく高く売れる」ことはまずないので、そこまでの旨味がありません。

■理由があっても売れる条件は？

購入時に「不動産業者がオススメしない」、いわゆるハードルの高い家を購入しているわけですから、「次に買う人もなかなか現れないだろう……」そう考える人も多いのではないでしょうか。

たしかに、一般的な家に比べれば安くなりますが、購入時のボロボロ状態よりも部屋がキレイにリフォームされている分だけ価値が上がっています。

また、さまざまな理由があれど、建っている場所の立地が良く利便性が高ければ、その土地が再建築不可だろうが借地だろうが、そこに「住みたい！」という人が現れて値段がつくのです。

具体的にいうと、僕が住む大阪でいえば、大阪市内の環状線の内側と北摂地域。東京は23区を中心に考えます。関東についてはそこまで土地勘はありませんが、23区以外でも武蔵野市や三鷹市、調布市あたりもよいように思えます。

埼玉県ならさいたま市、神奈川県なら横浜市や川崎市、千葉県の千葉市や船橋市も該当するかもしれません。

どこまで広げていくか、そこは個人の主観もあるかもしれませんが、とにかく「人が住んでいるところ」というのが大事で、目安となるのは「**家賃が高いこと**」です。家賃の高さはタイムズのコインパーキングの値段に比例するので参考にしてみてください。これは住む人が自分でリサーチするのが一番です。

■中古住宅を高く売るテクニック

最後にこれまで不動産投資家として、複数の家を売買した経験から、**中古住宅を高く売るテクニック**を紹介します。簡単にできることも多いので、ぜひ参考にしてください。

・売り急ぎはしない

一番やってはいけないのが「売り急ぎ」です。焦れば焦るほど足元を見られるものです。最初は高めの値段で出して、値段を下げるのであれば様子を見ながら少しずつ下げていきましょう。

・駐車スペースを確保

戸建ての価値は**駐車場スペースの有無**が大きいです。軽自動車を停められる場所をつくると、都心の物件であれば一気に価値が変わります。たとえギリギリの駐車スペースでも確保できれば車庫証明が取れます。

車を持っていない家庭でも、駐車スペースが確保できるのであれば「akippa（あきっぱ）」（https://www.akippa.com/）で貸すこともできます。

「ａｋｉｐｐａ」は全国の空いている月極（つきぎめ）や、個人の駐車場を一時利用できるサービスです。借りる方はお安く駐車場を予約でき、貸す方は空きスペースを有効利用して収入を得ることができます。

先日もテレビで「ａｋｉｐｐａ」で空き駐車場を貸して、年金の足しにしている老夫婦が紹介されていましたが、これで生活にちょっとゆとりができるようになったそうです。

古い家だとブロック塀が取り囲んでいたり植栽があるので、それを壊して駐車場にできないか検討をする価値はあります。

マイカーがない人でも駐車場をつくっておくと、売るとき、あるいは貸すときに有利になります。

・両隣に打診してみる

自宅を売るときに最高の買い手になってくれるのが両隣です。まずは両隣に「買わないかどうか」を確認しましょう。

このとき不動産屋さんと一緒に聞きに行くのがコツで、そのほうが怪しまれません。もし欲しがっていたら、**相場より高値で買ってくれる可能性があります**。あくまで交渉なのでそれとなく聞き出します。

先方に買う意志があれば、取り引きに対して有利に働きます。

わかりやすい例が、再建築不可の自宅を接道に問題ない隣家が買う場合です。奥の土地が買えることによって自分の土地が広がるし、後ろの再建築不可が建築可になって資産価値が上がるからです。

つまり、その土地だけでは価値がないけれど、隣とくっつくことにより価値が跳ね上がるわけです。それが理由（ワケ）あり物件の所以です。

ほかには、セットバックしたら狭くなる土地でも隣とくっつくことで、まとまった大きさになって使い勝手がよくなります。土地が合体することで大化けするのです。

・大手の不動産会社に打診

大手企業は営業ノルマが金額ベースではなくて件数ベースです。そのため権利関係が複雑で面倒くさい、もしくは小さい土地など、普通の不動産屋であれば嫌がる物件でも手を抜かずに取り扱ってくれます。トラブルが起こったときもコンプライアンスがしっかりしているので安心です。

書類関係もつくり慣れているケースが多く、権利関係が面倒なケースであれば大手で売るのも手です。ただし高くは売れません。

それでも面倒で売りづらい物件を、次に買う人がクレームを付けてきても対処してくれるので頼りがいがあります。それだけ会社に余裕があるのです。

これが普通の不動産屋ですと、安くて面倒くさい物件などまともに相手にしてくれません。ですから、**意外に売却時は大手も使い勝手があります**。

それと大手の営業所は地主情報をはじめ、その土地をくわしく知っていますから、そのような土地をほしがっている人がわかっていたりします。

・一般媒介で売却

基本的には売却するときに**媒介契約**をします。媒介契約とは、不動産の売買や貸借などを行うとき不動産会社（宅建業者）に依頼する契約のことです。媒介契約には「専属専任媒介契約」「専任媒介契約」「一般媒介契約」の3種類があります。
それぞれの特徴を次ページで表にまとめましたのでご確認ください。

表を見るとわかりますが、業者間ネットワーク「レインズ」へ掲載して物件情報を周知しなければいけません。

しかし、91ページの㊢情報に書いたとおり、業者は手数料を「両手」で物件を抱え込もうとします。なぜかというと、理由あり物件は、面倒くさいわりに額も安いから、両手で手数料をもらわないと割が合わないと考えるからです。

売買契約の種類

専属専任媒介契約	複数の不動産会社との契約について	自分で買い手を見つけた場合	契約期間	不動産流通機構（レインズ）登録義務	販売状況報告の頻度
	×	×	最低3カ月	○	7日に1回以上
	契約は一社のみ	自分で買い手を見つけた場合も不動産会社の仲介が必要		契約から5日以内に登録	

専任媒介契約	複数の不動産会社との契約について	自分で買い手を見つけた場合	契約期間	不動産流通機構（レインズ）登録義務	販売状況報告の頻度
	×	○	最低3カ月	○	14日に1回以上
	契約は一社のみ	不動産会社の仲介なしで販売可能		契約から7日以内に登録	

一般媒介契約	複数の不動産会社との契約について	自分で買い手を見つけた場合	契約期間	不動産流通機構（レインズ）登録義務	販売状況報告の頻度
	×	×	規定なし	○	規定なし
	同時に複数社と契約可能	不動産会社の仲介なしで販売可能	自行政指導に従って3カ月が一般的	任意	

抱え込みに注意！

よくあるケースとして、５社くらいで売却価格を聞いて一番高い値段を出した業者に依頼したら、どこにも出さずに握り込んでいるケースです。

３カ月経っても売れないので「１０００万円下げましょう」と言ってきて、結局、一番安い業者と同じ値段になることはよくあります。

ですので、物件情報がきちんと周知されているかを確認します。

レインズに載せた物件でも、業者からの問い合わせが来たら「あ、すみません。申し込み入っちゃったんですよ」と勝手に断っています。こちらがお客の振りをして電話をすると「物件ありますよ！」と平気な顔をして答えます。

この「抱え込み問題」は不動産業界の悪い習慣なのです。

売るときは必ず周知がきちんとされているかどうか「レインズに出るのですよね？」と不動産屋に確認すべきでしょう。

法的に決まっていることがあるので、契約を結んで内容を確認して、きちんとネットに出るのか確認しなければいけません。

名が知れた立派な会社でも抱え込んでいるケースがあります。自分が探したお客さん以外には売らない姿勢の不動産会社は意外と多いのです。

嫁のひとこと③ お得でおしゃれなリノベテク

リフォームをするとき、私は「間取り」にこだわりました。とくに使いやすいキッチンを重視しました。くわしい間取りや工事内容は本文を見ていただきたいのですが、安くするコツは「水回り」をあまりいじらないこと。

ウチは、キッチンと洗面所を新しくしてトイレやお風呂はそのままです。また間取り変更を行っても、水回りの位置は変えないのも安くするポイントです。

私はアイランドキッチンにしたいという希望があり、どうしてもカラーシンクを使いたかったので、いろんな雑誌を見てイメージを膨らませました。切り抜きなどがあれば、施工のときに工事業者さんにも伝えやすいと思います。

ちなみにウチのキッチンは、既製品でなくてオリジナルですが、とってもリーズナブルです。どうしたのかといえば、メーカーを揃えずインターネットで安い製品を探して、大工さんへこのキッチンに収まるかを確認して購入しました。シンクだけでなく食洗器やコンロ、換気扇も買わなければいけませんので「ヤフオク」で展示品、型落ち品を狙いました。その結果、システムキッチンを買うと100万円のところ、30万円くらいで収まりました。

金額的には満足していますが、10年近くオリジナルキッチンを使った感想でいうと、アフターフォローや耐久性からいえば、既製品のほうが優れていると思います。なので、キッチンにそこまでこだわりのない人は、既製品で安いものを選んでもいいかもしれません。

また天井の高さや素材が違っても、つくり直さず同じ色のペンキで塗ると統一感がでます。そうやって天井にお金をかけない代わりに、床に無垢材を使ってナチュラルに仕上げました。全部にこだわってしまうとどうしても予算オーバーになりますが、こだわりどころを決めると予算内で納めやすくなります。そのためには、どう住みたいのかイメージをしっかり固めることがコツだと思いました。

嫁のひとこと④ 不動産投資でお小遣い稼ぎ！

我が家の場合、夫の給料が年収４００万円台の時代に、「不動産投資」をはじめました。これは家を買って人に貸す「大家さん業（不動産賃貸業）」です。ちょうど家を買った1年くらい前からスタートしています。不動産投資にも種類があるようですが、夫はボロボロの家を買って再生して貸すやり方をしています。

さて、戸建てを買ってからこれまで支払っていた金額より5〜6万円くらい支出が減りました。ホッとしたのもつかの間、夫が投資のため新しい家を買うのでまたまた金欠になります。2軒くらいの大家さんになったところで、ようやくローンの支払いを家賃で返せるようになりました（今でもその分は貯金しています）。

それはうれしかったのですが、すぐまた新しいボロい貸家を買うので、いつまでたってもお金が増えません。これは投資で儲けたお金を再投資して、さらに投資を拡大していくという、不動産投資においては王道ともいえる考え方です。今ではは理解できますが、当時はとても生活が苦しかったです。

そのうち、夫は会社を辞めて「専業大家さん」になりました。夫は自由になるために、不動産投資の道を突き進んでいたのです。

私と子どもたちは、とにかく一致団結して家を守っていこうと決意しました。なかなか家に帰ってこないし不安もありましたが、もし、ごはんを食べることができないくらいになったら、私も働けば何とかなると考えていました。しかし、不安な期間は数年で、なんとか無事に大家さんとして独立することができました。今はとても安定した生活を送っています。

家の住み替えからはじまった我が家の不動産とのかかわりですが、最終的には「不動産賃貸業」を職業にしているのですから、家を買ったら本当に人生が変わるものだと実感しています。

最後に。じつは私も大家さんをしています。大阪府M市に借地の中古戸建てを

40万円で買いました。リフォーム費用が130万円で、合わせて170万円です。安いだけあって場所はいまいちだし、建物は古いし狭い家です。でも、私がコツコツ貯めたお金で買った、私名義の家です。そこから月4万6000円のお家賃がいただけます。

週1~3回の好きな仕事と貸家から得られる家賃収入は、私が自由に使えるお小遣いです。家長である男性でも、お小遣い制の人も多いと思います。そんななか、主婦なのにこれだけのお金が自由に使えるのは、本当に恵まれていると感謝しています。

また、夫が不動産投資でがんばっているのは知っていましたが、具体的に何をしているのかは理解できていませんでした。でも実際に自分で大家さんになってみると、どんな流れなのかわかるようになりました。夫の仕事への理解が深まったという点においても、不動産投資をしてよかったなと思っています。

第4章

住宅ローン攻略!!

借金は「悪」じゃない！　住宅ローンへの考え方

第4章では**住宅ローンへの考え方**から学んでいただけたらと思います。

住宅ローンとは「本人およびその家族または本人の家族が居住するための住宅およびそれに付随する土地を購入、新築、増築、改築、既存住宅ローンの借り換えなどを行うために金融機関から受ける融資」とウィキペディアに説明されています。

簡単に言えば、自分もしくは家族の住むための家・土地を買うための借金です。

一般的に日本人は「借金は怖い」「借金はしないほうがいい」という意識が強く、住宅ローンであっても「できるだけ少なく借りたほうがいい」「短い期間で借りて早く返そう」と考える方も多いでしょう。僕自身も最初のマンションを購入するときは同じような気持ちで、「50歳まで返せるように」と短い期間で融資を組みました。

しかし、今の意見は正反対で「**住宅ローンが借りられるなら、絶対に借りたほうがいい。**

それもできる限り長期間で！」と考えています。

なぜなら同じ広さや立地で賃貸と持ち家を比較したときに、月々の出費はあきらかに持ち家のほうが低くなるケースが多いからです。

もちろん、これは融資金額や条件にもよります。

当たり前の話ですが、同じ金額を10年借りるか、20年借りるか、30年借りるかにより、月々の返済額は変わります。長い期間で借りるほど月々の返済額は少なくなり、家計への負担は少なくなります。

僕の場合は月10万円（ローン返済額＋管理費・修繕積立金）の出費が4万円強（ローン返済額）になりました。正式には固定資産税・都市計画税が別にかかるので5万円弱でしょうか。

当時の僕が月5万円収入を増やすためには、睡眠と体力を削って副業をするか、嫁にパートに出てもらうなどしなくてはいけません。それが、よりよい住環境を得ながら出費が減るので大きなメリットだと考えます。

使わなければもったいない住宅ローン

長期間お金を借りるというと「金利がもったいない……」そんな風に考える人もいるかもしれません。

ここでちょっと世界を見渡してみてください。日本の住宅ローンは、世界的に見ても格段に条件がいいのです。

たとえばアメリカと比較してみましょう。

アメリカには「クレジットスコア」という基準があります。日本でも融資審査やクレジットカードの審査で個人信用情報をチェックされますが、それと少し似た仕組みです。

個人信用情報とは、住所や氏名、電話番号といった基本情報から、借入金残高、クレジットカード使用状況、返済・支払いの状況などが登録されています。

融資審査の際に、個人信用情報を見て延滞歴などがないかをチェックされます。万が一、未払いや延滞などの事故を起こしていると「ブラック」とされて、お金が借りられなくなります。

　なお日本の個人信用情報には次のものがあります。
・全国銀行協会（銀行、信用金庫）　https://www.zenginkyo.or.jp/
・ＪＩＣＣ（消費者金融）　https://www.jicc.co.jp/
・ＣＩＣ（クレジットカード、信販会社）　https://www.cic.co.jp/

　アメリカの「クレジットスコア」は、日本の個人信用情報的なものを数値化しており、この数値（＝点数）によって、その人の信用偏差値がはっきりとわかる仕組みだそうです。

　クレジットスコアは住宅ローンだけでなく、クレジットカードの発行や就職試験、賃貸物件の入居審査などにも用いられます。

　一つの目安でいうと平均点は６８０～７００点で、７５０点以上あれば「優良顧客」で融資条件もよくなり、逆に低ければ「要注意顧客」となり、日本の「ブラック」扱いとなります。


　しかし、このような厳しい基準をクリアしても、住宅ローンの金利は高いです。

2019年のニュースになりますが、フレディマック（連邦住宅貸付抵当公社）が発表した借入期間30年の住宅ローンの固定金利は3・6％。この金利でも2016年終盤以来の低水準ということで借り換え希望が殺到していると報じられていました。

同じく日本でも住宅ローンの金利が過去最低水準にまで下がっています。

住宅金融支援機構のデータを調べると、変動金利型でもっとも金利が高かったのは1991年の8・5％だそうです。これがバブル崩壊後、徐々に下がっていって1995年には2％台となりました。

そして今の金利を見てみれば、金融機関の住宅ローンの変動金利は1％以下が当たり前。全期固定の「フラット35」の金利はほぼ1％台で推移しています。アメリカに比べて、めちゃ安です。

変動金利というと「金利が上がりそうで怖い」と考える人も多いですが、この20年間、金利はほぼ一定で動きはありません。

なぜかといえば、多くの金融機関が変動金利の指標としている短期プライムレート（金融機関が優良企業に対して短期（1年未満）で融資をする際に適用する金利）の動きがないからです。

短期プライムレートを変動金利の指標にしている金融機関は、この金利に＋1・0％したものを変動金利の「基準金利（店頭金利）」としているケースが多いです。

なお僕たちが実際に借りるときの金利は「**適用金利**」といいますが、これは基準金利から優遇幅を引いて決められます。

この適用金利については、その時々で変動が見られますが、あくまで基準金利から引く優遇幅の変動であって金利自体はほぼ変わっていないのです。

ちなみに適用金利は0・5％を切る金融機関まで存在します。

この金利を消費者ローン、カーローン、カードキャッシングと比べてください。ちょっとしたお金を借りるくらいなら、**低金利の住宅ローンで借りてしまったほうが何倍もお得**です。

よく長期の住宅ローンを組むことを怖がる人がいますが、高金利のキャッシングやカードのリボ払いを日常的に利用しているほうが、家計にとってよっぽど「ヤバい」のではないでしょうか。

アメリカ人からすれば、1％以下なんてタダで借りられるのと同然なわけです。「低金利の住宅ローン」というチャンスを掴める国はそこまで多くありません。「せっかくだから有効利用しませんか？」というのが僕の提案です。

また、住宅ローンと共に加入する「団体信用生命保険」（団信＝だんしん）もありがたい仕組みです。契約者に万が一のことがあったとき、保険会社が住宅ローンを代理で弁済してくれる保険商品で、死亡や高度障害にくわえて、病気にも対応してくれる保険があります。

ですから、多額のローンを背負ったとしても、遺された家族に負担をかける心配がありません。このように日本の住宅ローンに関わる条件は、世界でも群を抜いて恵まれているのです。このメリットを享受しないのは、もったいないと感じます。

知っておきたい住宅ローン審査の流れ

住宅ローンは「多額の借金」というイメージが大きく、構えてしまう人も多いのですが、前述したようにとってもお得な借金です。

くわえて借金の中では間口の広い、借りやすい借金でもあります。借りるための金融機関もかなりたくさんあります（金融機関の種類については次項で解説します）。

とはいえ、誰でも無条件に貸してくれるわけではなくて、審査を受けてパスする必要があります。ここでは**住宅ローン審査の流れ**を紹介します。

住宅ローンの審査は、購入を検討する物件が見つかったと同時に進めていきます。

まずは事前審査の申込みをします。とんだ無駄足にならないよう**あらかじめ「自分」と自分の選んだ「家」に合った金融機関を開拓しておくこと**が大事なポイントです（金融機関開拓法は185ページにあります）。

事前審査に必要な書類には次ページをご覧ください。

■事前審査に必要な書類等

- パスポート、免許証、マイナンバーカードなど
- 保険証
- 源泉徴収票（給与所得者）
- 確定申告書３期分（自営業者）
- 物件資料
- 印鑑（認印でも可）

審査期間は金融機関により若干変わります。「1週間程度」と設定されていることが多いですが、おおよそ3～4営業日で返答があるケースが多いです。

事前審査で承認が下りたら、正式な住宅ローンの申込みをして本審査へ進みます。

なお本審査時に必要なものを次ページにまとめましたので参考にしてください。

■本審査時に必要な書類等

●本人確認書類

・パスポート、免許証、健康保険証、
　マイナンバーカード等
・住民票

●収入確認書類

・源泉徴収票（給与所得者）
・確定申告書３期分（自営業者）
・住民税決定通知書、課税証明書、納税証明書等

●物件に関する書類

・売買契約書　・重要事項説明書
・土地・建物の登記簿謄本　・物件概要書
・公図、物件案内地図
・間取り図、測量図、配置図等
・工事請負契約書、見積書

●ほか

・印鑑証明書　・実印

本来、1週間から長いと3週間くらいかかるケースもあるようです。本審査では個人属性に関する審査、返済計画に関する審査、物件に関する審査。合わせて団体信用生命保険の申込みもしますので、その審査も行われます。

これらの審査をすべてパスして承認が下りたら、次は住宅ローンの契約を行います。住宅ローンの契約時には「金銭消費貸借契約」「抵当権設定契約」の2つを行います。これは「融資を受けるための契約」と「物件を担保にとるための契約」です。担保とは、「債務者が返済不能となった場合、債権者に返済の原資として提供されるもの」です。

簡単に言うと、ローン返済が滞って払えなくなったときに、金融機関が担保となった土地建物を売ってローン返済に充てるということです。いわば「借金のかた」です。

この契約を行ったあとに、融資が実行されます。融資実行の日を「決済日」といいます。決済日には物件代金の支払いと物件の引き渡しを同時に行うのが一般的です。当日は司法書士が同席して、支払いがきちんと行われたのか確認してから法務局で登記をします。

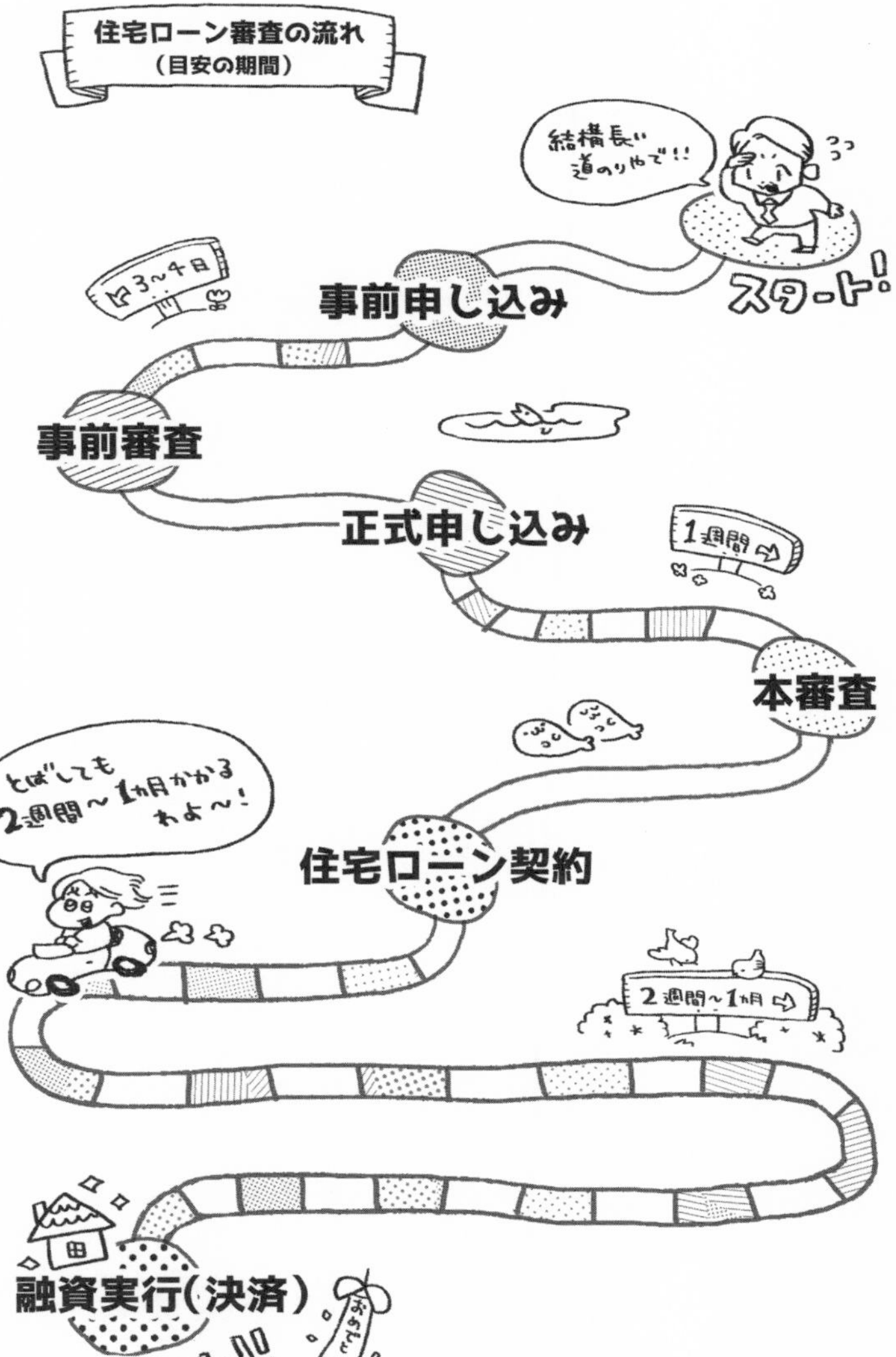
住宅ローン審査の流れ
（目安の期間）
結構長い
道のりやで!!
スタート!
事前申し込み
3〜4日
事前審査
正式申し込み
1週間
本審査
とばしても
2週間〜1カ月かかる
わよ〜!
住宅ローン契約
2週間〜1カ月
融資実行(決済)
ゴール!!
おめでとう

得情報!!

注意！　こんな人は審査に落ちる

年収500万円の人でも、住宅ローンの審査に落ちることがあります。

それは、過去のローン返済で滞納といったトラブルを起こしていると、前述した個人信用情報に問題があるケースです。

なかでも多いのが携帯電話の端末代を分割払いにして、毎月の通話料と一緒に払うはずだったのを払い忘れていた……というような場合です。

たかが携帯の料金と思うかもしれませんが、ローンで分割払いしているので立派な借金なのです。クレジットカードを切り替えた際、携帯料金の引き落としを変更し忘れることは意外と多いので注意してください。

オススメの金融機関はどこ?

住宅ローンで使える金融機関には種類があります。それぞれをくわしく解説しましょう。ざっくりした特徴としては、高収入のサラリーマンや公務員など安定的な職業で勤続年数が長いほどお金が借りやすいです。

またメジャーな銀行ほど金利の優遇幅が大きいです。ネットバンクなどコストのかからない銀行も金利が低い傾向にあります。ただし、両者はある程度まともな物件でなければ貸してくれません。再建築不可、違法建築、借地権と物件としての難易度が増すほど（物件としての価値がなくなるほど）、メジャー銀行は借りられません。

理由（ワケ）あり系の主軸となるのは信用金庫とノンバンクです。とくに再建築不可、違法建築など普通の銀行で融資ができないような物件は、ノンバンクが対象となります。

また住宅ローンといってても金利はまちまちで、1%を下回るものから3%のケースもあります。住宅ローンの金利条件と、理由あり物件での借りやすさは比例関係にあります。一般的に金利が高いローンほど、理由あり物件にも出してくれます。

・都市銀行

都市銀行は大都市に本店を置きながら、全国各地に支店を展開しています。三菱ＵＦＪ銀行、三井住友銀行、みずほ銀行、りそな銀行などがあります。

・地方銀行、第二地方銀行

地方都市に本店を置いて地域経済を営業の地盤としています。地方銀行は全国地方銀行協会に加盟する64行、第二地方銀行協会に加盟する45行があります。

・信用金庫

銀行が営利目的の法人企業なのに対し、地域の繁栄を図る営利を目的としない相互扶助を目的とした協同組織の金融機関で、主な取引先は中小企業や個人です。その地域を熟知しているため、地域差への配慮もしてくれます。全国に２５７の信用金庫があります。

・労働金庫

労働組合・生活協同組合などの労働者団体が協同して組織する金融機関です。通称「ろうきん」。こちらも信用金庫同様に営利を目的としていません。全国に13の「ろうきん」があります。

・ノンバンク

ノンバンクとは、貸金業を営む銀行以外の金融機関のことです。銀行が預かったお金を融資しているのに対して、ノンバンクは銀行からお金を借りて融資します。そのため、金利が高い傾向にあります。一般的な金融機関では融資の出にくい家でも融資してくれる可能性が高いです。

・ネットバンク

ネットバンクはネットバンキングで取り引きを行う銀行です。店舗を持たない、または限られた店舗しか持ちません。じぶん銀行、住信ＳＢＩネット銀行、ジャパンネット銀行、楽天銀行、新生銀行、ソニー銀行などがあり、金利が低い傾向にあります。

・モーゲージバンク

モーゲージバンクは「フラット35」を取り扱う住宅ローン専門会社です。「フラット35」の誕生とともに、新たな業態であるモーゲージバンクが数多く登場しました。ＡＲＵＨＩ、日本住宅ローン、全宅住宅ローンなどがあります。自営業や低年収の人でも借りやすいといわれています。

得情報!!

自営業にオススメなのはフラット35

住宅ローンは給与収入に基づいて借りられる金額が決まります。そうすると給与収入のない、フリーランスやお店などをやっている自営業者は住宅ローンが借りられないのか？　という疑問が浮かぶと思います。

会社員と比べると条件は悪くなるかもしれませんが、自営業の人でも借りられるのが住宅ローンの強みです。自営業であっても黒字経営ができている証明ができれば融資は受けられます。最近では、非正規社員でも借りられるローンがあるほどです。借りるためのルールをざっくりといえば、確定申告を赤字にしていればNG、黒字が続いていれば借りられます。ただし、サラリーマンに比べて安定性がない分より厳しく見られます。

とくにチェックされるのは確定申告書の「収入金額等」に記載する売上ではなく、経費を差し引いた「所得金額」です。住宅ローンを使いたいと考えるのであれば、節税のしすぎに気をつけましょう。

また、一般的に自営業者は収入確認書類として確定申告書3期の写しと納税証明書を求められます。3期分の申告書を用意するためには開業して4年目以降でないと審査に申し込めないことになりますが、「フラット35」では必要なのは2期分の確定申告書の写しと納税証明書なので開業3年目には申し込めます。

くわえて一般的な金融機関では、年収○○円以上などの規定がありますが、フラット35には最低年収などの条件がありません。

住宅ローン限度額と借りる金額の目安

本来、不動産融資は「**個人属性**」（借りる人に対しての金融機関の評価）と「**物件評価**」（土地・建物に対しての金融機関の評価）の組合せで金額や条件が決まります。

ところが住宅ローンは、「誰に貸すか」という「個人属性」を重視したローンです。もちろん、買う家がどんな家であるかという家の評価もされるのですが、借りる人の返済能力のほうに重きを置いているのです。

そのため、「どれくらいの金額を借りられるのか」というところは、その人の年収に対するローンの負担割合で決まります。これを**返済比率**といいます。

金融機関によって基準は変わりますが、「フラット35」なら、年収４００万円未満であれば返済比率は30％以下、年収４００万円以上であれば返済比率が35％以下とされています。

そうなると年収４００万円で金利１・２％（元利均等）・返済期間35年・返済比率35％で

あれば、借入れ可能額は3999万円、月の返済額が11万7000円です。「こんなに借りられるの?」と驚いた方も多いかもしれませんが、これはあくまで借入れ可能額で、借りられる金額の目安です。理由（ワケ）ありの家であれば、家の評価が低すぎて、そこまで借りられないケースは考えられます。

また、僕がオススメする家の買い方は「相場よりも安い家を買って居住費を圧縮すること」を目的にしています。目安となる価格はどんな家なのか、どの地域なのかによって変わりますが、今住んでいる賃貸物件に比べて「居住費がどれだけ安くなるのか」を重視してください。

購入する家は必ず相場よりも安く買わなくてはいけません。相場より安く買えば、相場で売るだけでプラスになります。

買ったときと同じ値段で売ることができれば、売ったお金で住宅ローンをすべて返すことができます。返済が進んでいれば、むしろお金が残ります。なので、どれだけ借りるかは、「**購入する物件の価格に合わせる**」（できるだけ安く買う）、「**月々に居住費が今よりも安くなる**」この2点を留意して決めます。

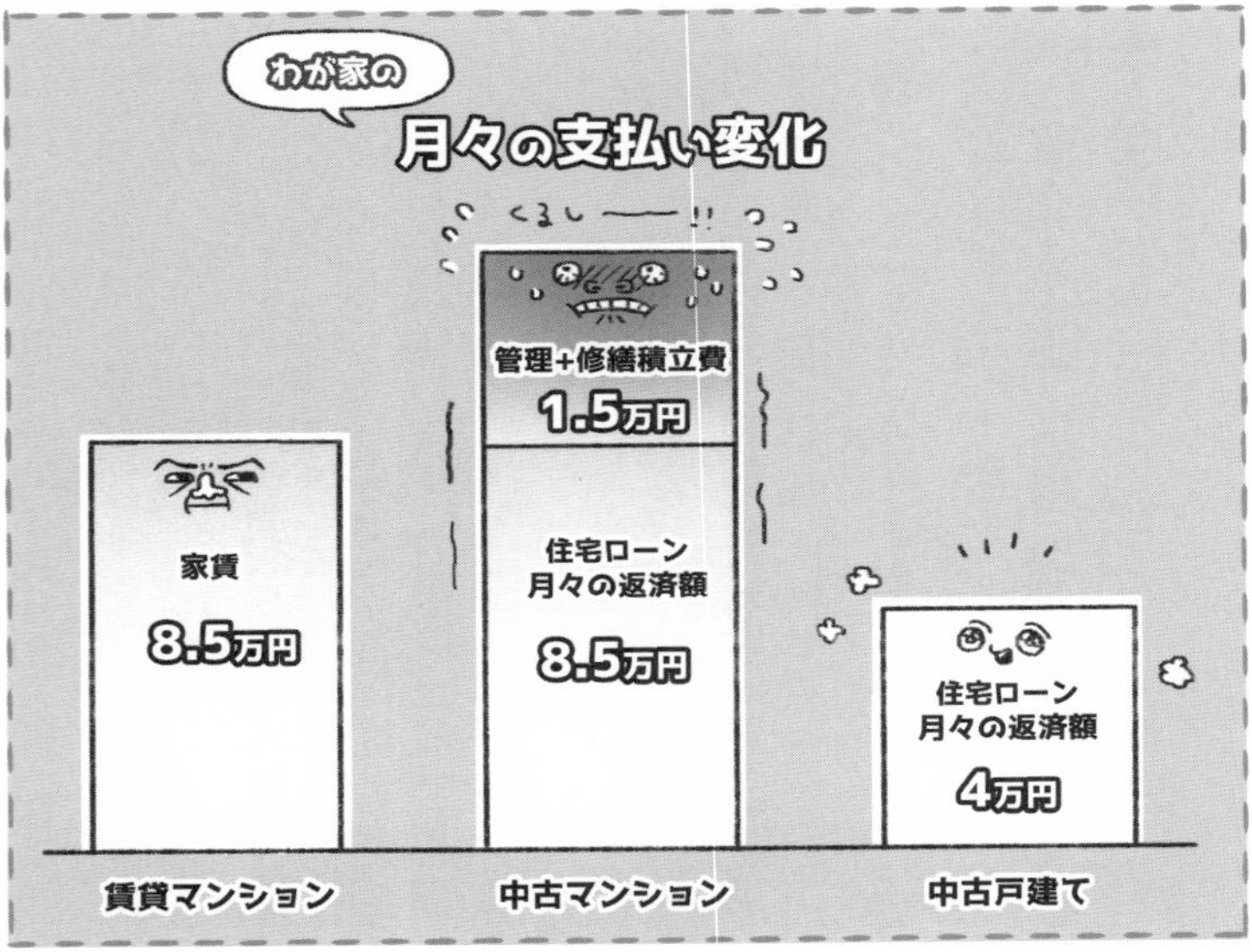
わが家の
月々の支払い変化
くるし――!!
管理+修繕積立費
1.5万円
家賃
8.5万円
住宅ローン
月々の返済額
8.5万円
住宅ローン
月々の返済額
4万円
賃貸マンション
中古マンション
中古戸建て

得情報!!

忘れてはいけない諸費用と税金

中古の家を買うときに基本的にかかるお金は「物件の代金」とリフォームの「工事費用」です。しかし、これ以外にもかかるお金があります。それを「諸費用」といいます。諸費用は主に「不動産購入時にかかる費用」と、「住宅ローンを借りたときにかかる費用」です。おおよそ物件価格の6～10％程度といわれています。

また、家の購入には税金の支払いが伴います。購入時にかかる税金は、契約書に必要な「印紙税」。「消費税」は土地にはかかりませんが建物にかかります。

そのほか不動産を取得した際に支払う「不動産取得税」があります。居住用の不動産は非課税になりますが、取得日から60日以内に自治体へ軽減の申請をする必要があります。

ここまでが購入時にかかる税金で、所有している限り払い続けなくてはいけない税金に「固定資産税・都市計画税」があります。これは毎年かかる費用です。

固定・変動？ 元金均等返済・元利均等返済？ どう借りたらいい？

住宅ローンを借りる際にはいくつかの選択肢があります。

みんながよく悩んでいるものに金利タイプがあります。金利タイプには「**変動金利**」と「**固定金利**」があります。「変動金利」は6カ月ごとに更新され、その名のとおり金利が変動していきます。

対して「固定金利」は金利が固定されています。

固定にも「○年固定」など決められた期間は固定ですが、その後に変動金利になる期間選択型の「固定金利」と、全期固定といって借りている期間の金利がずっと一定のものがあります。ちなみに「フラット35」は全期固定です。

一般的に「固定金利」のほうが金利は高く、「変動金利」のほうが金利は低いです。「変動金利」は金利が低い分だけ月々の支払いも安くなりますが、金利が上昇する可能性があるということです。

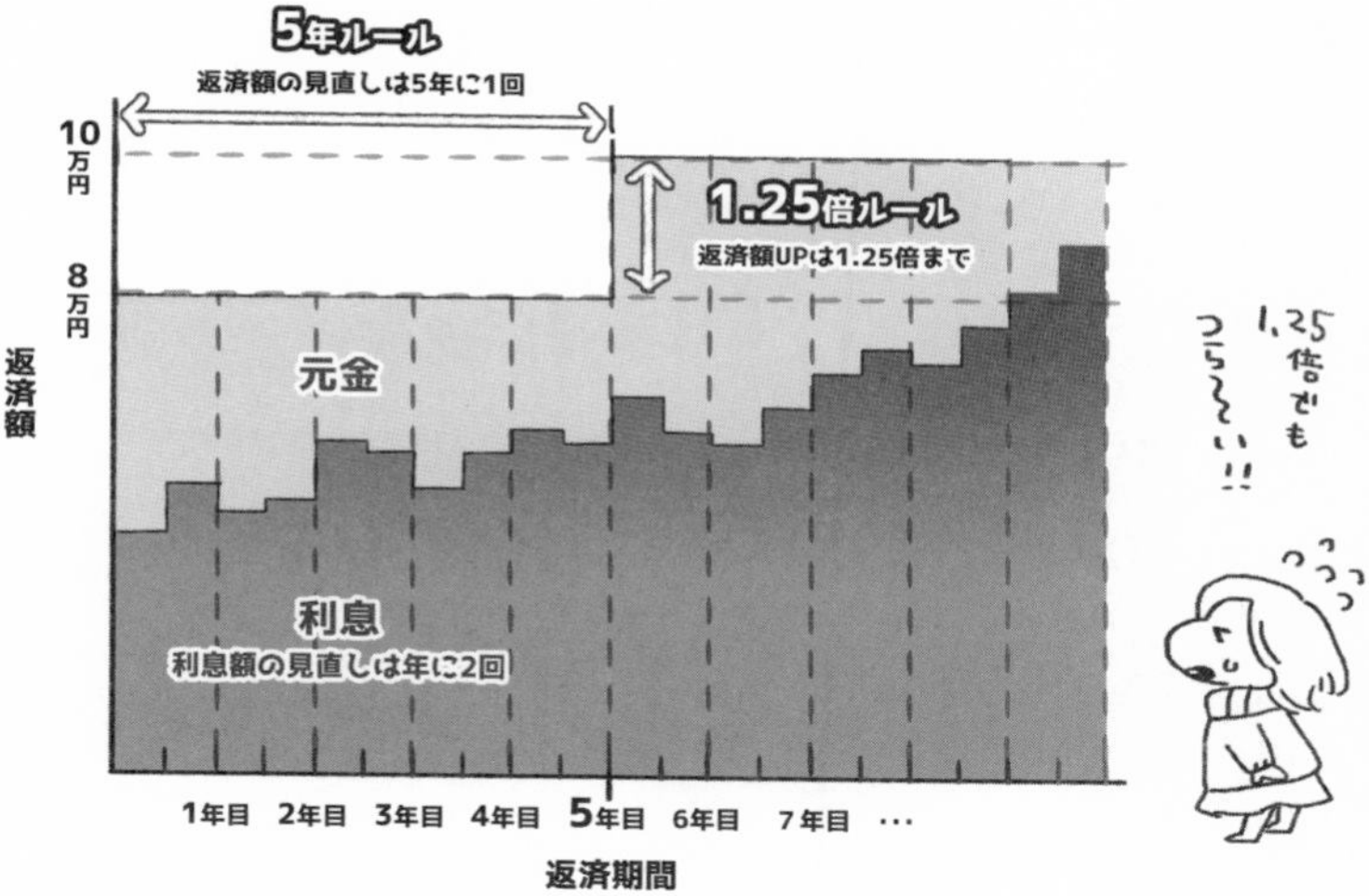

ただし金利は半年ごとに見直されますが、毎月返済額の見直しは原則5年ごとです。また、5年以内に金利が上がると6年目から毎月の返済額がアップしますが、それまでの返済額の1・25倍までが上限というルールが適用されます。

つまり、急に返済額が跳ね上がることはありません。

ただし、返済額に占める利息の割合が増え、元金の割合が減りますから、いつまで経っても借金が減らない……という事態になりえます。

■ 住宅ローンを「3000万円　35年間　金利1.0%」で支払う場合の例

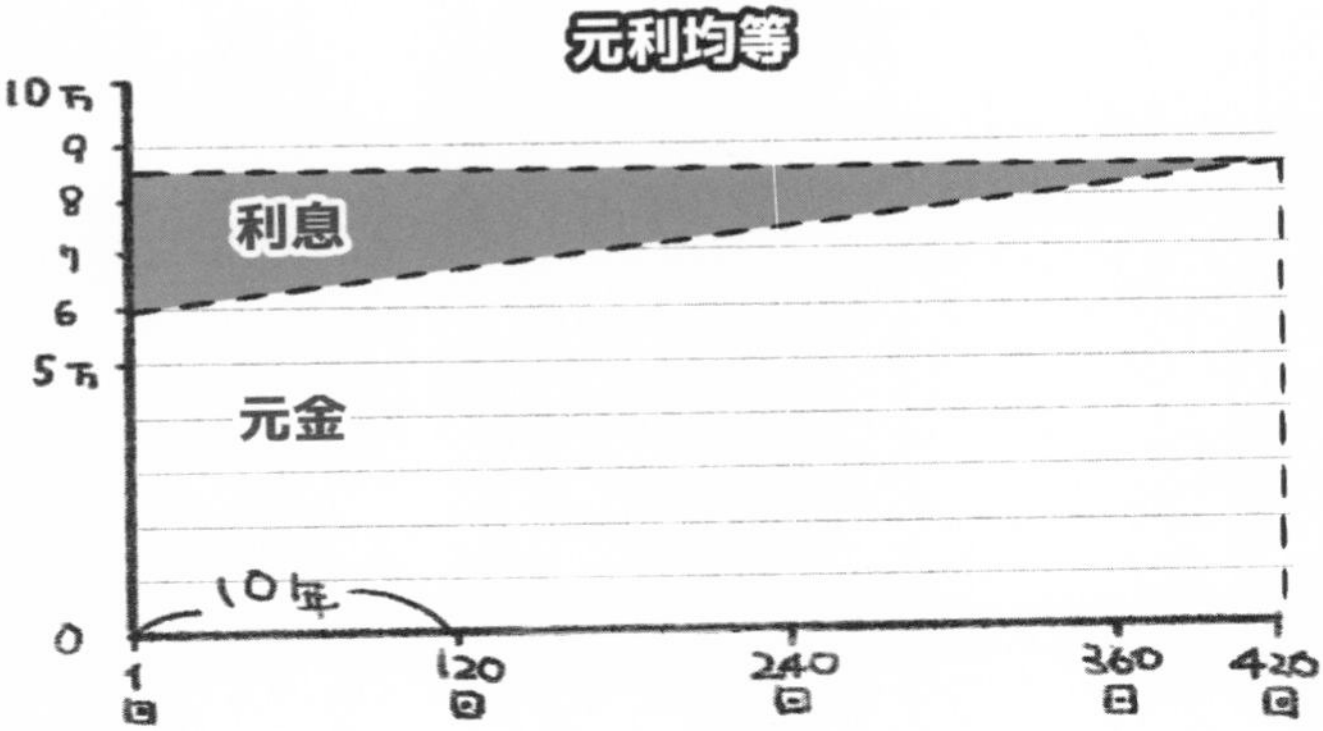

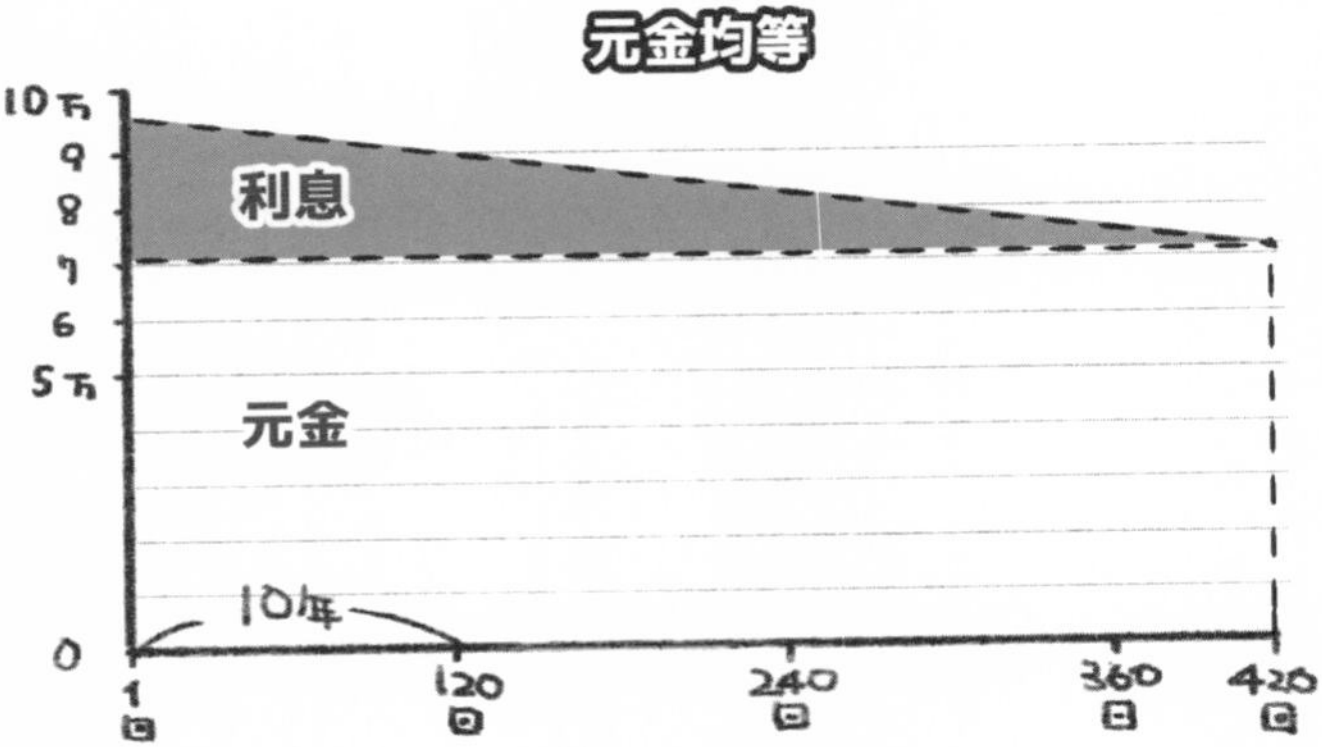

元金はどっちも3000万だけど
利息の支払い額は元金均等の方が
少なくなる

	元利均等	元金均等
1回目の支払い	84,686円 内訳（元金：59,686円 利息：25,000円）	96,428円 （元金：71,428円 利息：25,000円）
420回目の支払い	84,476円 （元金：84,405円 利息：71円）	71,728円 （元金：71､668円 利息：61円）
総返済額	35,567,900円 （元金：30,000,000円 利息：5,567,900円）	35,262,700円 （元金：30,000,000円 利息：5,262,700円）

およそ30万円の差

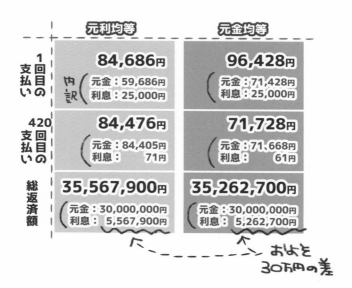

返済方式にも**「元利均等返済**（がんりきんとうへんさい）」と**「元金均等返済**（がんきんきんとうへんさい）」の2種類があります。

「元利均等返済」とは、毎月返済額（元金＋利息）が一定となる返済方法です。「元金均等返済」とは毎月の返済額のうち、元金の額が一定となる返済方法です。

「元金均等返済」のほうが最初の支払い額は大きく、徐々に返済額が減っていきます。また元金の減りが早いため、総支払額が安くなります。

やってみよう金融機関開拓

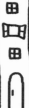

新築の分譲マンションや住宅には、不動産業者が提携する金融機関があって、そこの住宅ローンを利用できるケースが多いです。

しかし、我々が狙う「理由（ワケ）あり物件」となると、不動産業者がそもそも積極的に売りたいような一般的なマイホーム向けの物件ではないため、金融機関の紹介は期待できません。

また、欲しい物件が再建築不可や借地の物件といった銀行評価のつきにくい物件の場合、メガバンクやネットバンクは融資をしない可能性が高いです。そのため不動産屋さんが提携している以外の金融機関を当たる必要も出てきます。

仮に紹介してもらえるルートがあっても、自分でも探しておくことをオススメします。というのも、融資が受けられない人に対して、不動産屋さんは物件を売る気にならないからです。

あなたが一流企業の正社員とわかれば、不動産屋さんは喜んで銀行を紹介してくれるかもしれませんが、非正規雇用で年収が３００万円くらいの20代であれば、門前払いになる可能性もあります。

不動産屋さんから「このお客は借りられない」。そう思われてしまうと相手にされなくなります。ですから自分でどこの金融機関から、どれくらいのお金が借りられるのかを把握しておきましょう。

ポイント❶ どこの金融機関にアタックする？

僕のオススメする物件選定法では、自分の住んでいる場所のそばに新しい家を購入することです。その場合は、家の近所の金融機関が対象となります。

何度か述べていますが、理由（ワケ）あり住宅の「理由」によってはメガバンクや地方銀行が対応できない場合もありますので、まずは「地名＋金融機関」でインターネット検索をかけて、近くの金融機関をピックアップして片っ端から電話してみましょう。

ポイント❷ 事前打診で土俵に乗る金融機関を調べる

自分が買いたいと思える物件の資料（不動産会社からもらえます）と源泉徴収票、自営業者であれば確定申告3期分を持って金融機関へ相談に行けばＯＫです。

金融機関は基本的に平日の昼間しか営業していませんが、住宅ローンセンターなど窓口を設けている金融機関もあります。

住宅ローンセンターは週末に営業しているところもあります。事前に予約を取ってから訪れるのがベストですが、金融機関の窓口へはいきなり訪れても対応してもらえます。

この事前の相談でおおよその手応えがつかめます。「あなたの年収ならいくらまで貸せます」「この物件のここがダメだから貸せません」などのアドバイスが得られます。

ポイント❸ 注意！ 審査は履歴に残る

金融機関の攻略には、ある程度の努力と勉強が必要です。

審査には事前審査と本審査の2つがあると書きましたが、事前審査は複数の金融機関に申込みをすることもできます。

「審査を出してしまうと銀行側に履歴が残るのでは?」と不安に思われる人もいます。

もちろん履歴はつきますので、手当たり次第に出しすぎるのはダメです。

各金融機関ごとに基準があります。この基準というのは、借りる人の年収や勤続年数などの**個人属性**です。それと**物件の担保価値**を加味します。

不安な人こそ、ポイント②の事前打診をしっかり行って、「自分」と「家」ともに土俵に乗る金融機関に対してだけ事前審査を申込めばいいのです。

たとえば電話問合せの段階で「借地権には融資不可」ということであれば、その情報だけ聞いて引き下がれば履歴には残りません。くれぐれもやみくもに出すのはよくありません。

ポイント❹ 嫁と連帯債務なら借りられる場合も!

たとえば自分の属性が規定にはまらなくても、親からの金銭的な協力であったり、共働きの奥さんと共有名義にするなど、年収が足りない場合でも工夫する余地はあります。

とくに共働きをしている配偶者との連帯債務になれば、年収は2人分になりますので、融資の枠が広がります。

なお、親からの資金援助を受ける場合は「もらう」のか、「借りる」のかで扱いは変わります。「もらう」場合、本来は「贈与」となり贈与税がかかりますが、両親か祖父母の贈与に関しては**「住宅取得等資金の贈与の特例」**、両親からであれば**「相続時精算課税制度」**などの非課税制度が使える可能性がありますので調べてみてください。

「借りる」場合は贈与税の対象にはなりませんが、親子だからといって曖昧にしていると贈与とみなされることもありますので、きちんと正式な書類にしておくほうがよいでしょう。

してはいけない、繰上げ返済

よく住宅ローンの本や節約の本に「繰上げ返済をしよう」と書いてあります。その多くは定収入のなくなる定年までに住宅ローンを完済するようにオススメしています。たしかに定収入がなくなり年金暮らし（しかもその年金は当てになりそうもない）になるのに、住宅ローンの支払いが続いていたら不安になりますが、それでも僕は**繰上げ返済には反対**です。

そもそも僕たちは「安い家」を購入しています。

そして、住宅に対する支出を賃貸物件に住んでいたときと比べて大きく圧縮しています。居住費の家計に対する負担の割合を減らしているわけですから、貯金もできるようになります。

「お金が貯まったのだから、そのお金で返せばいい」という考えもあるかもしれませんが、突発的な「何かが起こったとき」にもっとも役に立つのは現金です。

たとえば親の介護や子どもの教育費、自分自身の病気など、急に現金が必要になった際に手持ちの現金がなければ借りなくてはいけません。

そのときに借りられる状況なのかどうかということもありますし、借りられるローンの条件は住宅ローンよりよい条件であるとは考えられません。

せっかく借りることができた低金利で長期間の借金ですから、大事に借りておきましょう。

借換えはわりと簡単にできる

思い込みなのか、一度住宅ローンを借りたら、ずっとそのローンを借り続けなくてはいけないと考えている人は多いです。

じつは住宅ローンの借換えはしやすいです。もちろん、転職したばかりや定収入のない人、病気を患って団体信用生命保険に入れないといった、住宅ローンに対してハンデのある人は難しいかもしれません。あとは年齢の制限もあります。

それでも「フラット35」は団体信用生命保険の加入は必須ではないですし、金融機関によっては、高年齢となっても親子リレーローンなど子どもと融資を組む仕組みもあり、ほかのローンに比べて借りやすいのは間違いありません。

そのため、一度借りた後に金利がより下がっているタイミングで、別の金融機関へ借り換えるのも一手です。ただし、ローンを借り換えする際にも費用がかかりますので、それらの費用を加味してもあきらかにお得であるかを確認する必要があります。

■ローン借換え費用

新規の住宅ローンの費用

・保証料

・事務手数料

・印紙代

現在の住宅ローンを完済する費用

・額繰上返済手数料

・保証会社事務手数料

登記手続費用

・抵当権設定費用

・抵当権抹消費用

得情報!!

住宅ローンを借りたら住宅ローン控除をしよう！

住宅ローンを借りたら、必ず「住宅ローン控除」の手続をしましょう。「住宅ローン控除」とは、住宅ローンを借りて住宅の新築や増改築等をすると「年末のローン残高の１％」を所得税から控除できる制度です。

具体的には家を購入した翌年に確定申告をして、「住宅ローン控除の申請」をします。これを行えば収めた所得税・住民税の控除分が還付されます。

なお住宅ローン控除の適用期間には上限があり、その上限は住宅に入居した時期によって異なります。消費税が10％に増税されることに合わせ、２０１９年10月１日〜２０２０年12月末の間で消費税10％の住宅を取得した場合には、住宅ローン控除期間は13年となりますので、２０２０年中に引っ越しができればお得です。

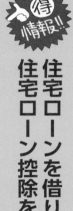

■ローン控除に必要な書類

- 確定申告書 A（第一表と第二表）
- （特定増改築等）住宅借入金等特別控除額の計算明細書
- 住宅ローンの借入金残高証明書
- 源泉徴収票
- 売買契約書、建築請負契約書
- 土地・建物の登記簿謄本
- マイナンバーが記載されている本人確認書　類

第5章

さらにその先へ!! 自分の家でお金持ちになろう!

住宅ローンを人に払ってもらうという発想

第5章は住宅を有効利用する、さらにその先として、**住宅を使ってお金持ちになる方法**を解説します。自分の家を「貸したらいくらになるんだろう？」と家賃換算したり、「売ったらいくらになるんだろう？」と考えるのは基本中の基本です。

「住宅を人に貸してお金を得る」不動産投資の発想です。ローンを組んでも「ローンは人に払ってもらう」という考え方となります。

ただし、住宅ローンで買った家を貸すのは、本来であればルール違反です。なぜなら、住宅ローンは自分や家族が住むことを前提に貸し出されているローンだからです。しかし、転勤や家族構成が変わるなどのやむを得ない理由があれば、貸しても認められます。

僕自身、自分の家を貸し出したことはありませんが、住宅ローンを返しつつ、テラスハウスを2軒買いました。テラスハウスとは関西によく見られる連棟式住宅のことで、簡単に言えば「長屋」で小さな戸建てがつながっている建物です。

収入13万円
返済4万円
残ったお金 9万円
銀行
この残ったお金のことを
キャッシュフロー
と呼びます！

テラスハウス1戸あたり6～7万円の家賃が入ってくるので、合計13万円になります。住宅ローンの返済額が約4万円だったので、家賃から自分の住宅ローンを返せるし、それプラスお金が残りました。

このプラスの部分を不動産投資の世界では「**キャッシュフロー**」と呼びます。

不動産に投資してお金を得ることは、そこまで難しく考えなくても大丈夫です。自分が住んでいる家を家賃換算して、そこに差益があれば、それはキャッシュフローです。それでは、実際にマイホームを使ったやり方を説明していきましょう。

「ヤドカリ投資」「自宅兼ルームシェア」「自宅兼アパート」などです。

マイホームでお金持ち術①

ヤドカリ投資

一番簡単な方法は「ヤドカリ投資法」です。これは自宅を使ってわらしべ長者を目指します。

このやり方では**区分マンションが無難**です。電気やガスが戸建てのようにダメになっている可能性が低いからです。自分で塗ったり張って直すのは区分マンションがオススメです。

狙い目は旧耐震（1981年以前の建物）の区分マンションで、40〜50㎡の3DK程度の団地タイプです。本来、築古の区分マンションなら大阪では1000万円以上、千葉県や神奈川県であっても同様でしょう。それが古い団地になると単位が変わります。関東でも千葉や神奈川は300万円くらいで売っています。安い代わりに立地がバス便になることもありますが、首都圏への通勤圏内でも物件はあります。大阪では相場がもっと高くなり500万円くらいです。

なるべく相場より安く探して住宅ローンを使って買います。手持ち資金があれば現金で購入してもいいでしょう。それをキレイに直して、相場より少し高めに売却することを目指すのです。

あくまでも安い団地はそれなりの相場価格のなかで売買されています。

ただ、300万円のものを探せば150万円、200万円で買うことはできますし、300万円のものを頑張ってリフォームして400万円で売ることもできる、そのようなマーケットがあります。安いなかで、さらに安く買って相場の2割増し、3割増し程度を狙います。

区分マンションならではのコストとして、管理費・修繕積立金に関しては安い物件と高い物件があります。安いのは戸数が多くてエレベーターがない物件です。今のところは管理費が安い物件でも、大規模修繕を行うことになり値上げするケースもありますので、その辺はしっかり調べます（長期修繕計画などがあります）。

敷地面積の大きい団地であればテニスコートやグラウンドなど、いろいろな付随施設があるケースでは、積算評価が出ることもあります。それは土地の持ち分が大きいからです。

たとえば、相場が300万円の首都圏通勤圏の団地があるとします。そのなかでエレベーターなしの5階で、水回りは使えるけれど、内装が古くて残置物がたくさんあったため150万円で買えました。

それを自分が住みながらコツコツとゴミ出しをして、壁紙を貼り直して床もキレイにします。お金を50万円もかけずにDIYをして、物件価格とリフォーム費用で200万円のコストで済ませます。

実は
この家
5件目でしてね…
ヤドかり生活
プロフェッショナル

自分自身の居住費でいうと、それまでは家賃5万円のアパートに住んでいたけれど、200万円を住宅ローンで借りたら月1万円以下の返済です（融資期間35年、金利0・7％で計算）。管理費・修繕積立金が1・5万円としても、月3万円くらいのキャッシュフローが出ます。

そうして最初は寝袋からスタートして、1年くらいかけて商品化したら売るのです。

200万円で仕入れた物件を相場よりちょっと高めの350万円で売れば、100万円くらい手元に残ります。この利益のことを不動産投資では**キャピタルゲイン**といいます。

団地が売れたら、次はバス便から駅近の旧耐震の区分マンションにするなどステップアップします。

本来であれば、この利益に対して譲渡税という税金がかかりますが、1回も貸していないマイホームを売った場合は税金を払わなくていいのです（206ページの情報を参照）。

そうやって売却益を自己資金にして、次の中古住宅に住み替えます。1年間で何度も行うのは宅建業法違反になりますが、数年に一度住み替えるのは、とくに問題はありません。これを繰り返すと、わらしべ長者のように自己資金が増えていきますし、徐々に立派な家に住めるようになります。

こうした物件を相場より安く買う方法は、第2章で解説した「所有者理由」がベストです。「所有者が高齢で入院する」「相続の関係で売り急いでいる」といった事情で、安く売りに出ているケースはわりとよく見られます。

また指値（さしね）も有効です（指値の仕方は第3章を参照）。たとえば残置物があると値引きの交渉材料として使えます。

残置物の処分方法ですが、家庭ゴミとして地域にある行政のクリーンセンターで処理するのがもっとも安いでしょう。

各行政により値段や分別の規定が決まっているので、それに準ずる必要があります。まずは電話で問い合わせて確認しておきましょう。

これを業者に頼むとそれなりにお金がかかるものです。費用を安く抑えるために手間を取るのか、それともお金を払って速やかに処分するほうを選択するかという話です。

なお、業者にまかせた場合ですと、普通のファミリータイプで荷物が大量にあるケースは、撤去費用として20～40万円を想定しておけばキレイにできますが、地域差はあるかもしれません。

見積りを取らせてもらい、それを不動産業者に見せて「処分にこれだけ費用がかかるので、その分だけ安くしてほしい」と交渉することができます。

ヤドカリ投資はいってみれば「不動産のせどり」です。

しかもＤＩＹをすることでリフォームにお金をかけないようにして、利益を極限まで取って一歩ずつ進んでいくので、**若くて年収がまだ少ない人や非正規社員であっても実現できます**。

マイホーム投資から戸建て投資、団地投資など、そこまでお金を使わない少額の投資のやり方を紹介している書籍では、「コツコツ月収80万円！　主婦大家〝なっちー〟の小さな不動産投資術。」（舛添菜穂子著・ごま書房新社）がオススメです。

なお年収の高い人、世帯収入の高い共働き夫婦などが限定にはなりますが、住宅ローンで購入した安い家を売らずにそのままローンを完済して、次の家も住宅ローンで買っていくヤドカリ投資もあります。

完済すれば貸し出すこともできるので、住みながら直してローンも返して、次々と新しい家に住み替えることを繰り返せば、どんどん貸家が増えていきます。

得情報!!

3000万円の特別控除で譲渡税が無料に！

ヤドカリ投資では、住宅を売って差益であるキャピタルゲインを得ることを目指しますが、本来は不動産を売却したときに発生する利益「譲渡所得」に対して税金がかかります。この税金を「譲渡所得税」といいます。

「譲渡所得」とは、売却価格から購入価格を差し引いたもので、1000万円で購入したマイホームを1300万円で売却した際の課税譲渡所得は300万円になります。

売却価格1300万円－購入価格1000万円＝譲渡所得300万円

譲渡所得に税率をかけたものが譲渡所得税ですが、その税率は所有期間により「5年超え・長期譲渡」「5年以下・短期譲渡」の2種類があります。

この税金を控除するための制度がいくつかあります。代表的なものに「3000万円の特別控除の特例」（正式名称、居住用財産を譲渡した場合の3000万円の特別控除の特例）があります。

「居住用財産」とは自らが住むことを目的とする不動産、つまりマイホームのことで、適用条件に当てはまれば売却する際、所有期間の長さにかかわらず譲渡所得から最高で３０００万円を控除できます。

マイホームでお金持ち術②

自宅兼ルームシェア

続いては**部屋数の多い中古の戸建てを使った手法**です。

27歳の男性で勤続3～4年の独身サラリーマンを例にしてお話しします。まだ給料は高くないかもしれませんが、それだけの勤続年数があれば、もう住宅ローンを使えます。「いやいや俺は独身だし、まだマイホームなんて要らないよ！」と思うかもしれませんが、たとえ一人暮らしでも一戸建ての住宅を買うのです。

広さは80㎡くらいが望ましいでしょう。関西圏であれば、少し古い4DKの間取りの住宅を1500万円程度で購入するのが目安です。

東京の場合はこの値段では難しいかもしれませんが、23区内でも東側や東京都下、千葉・埼玉・神奈川まで広げて探せば同じ価格帯があります。なるべく利便性がよいところを選びます。

その戸建ての1部屋に自分が住んで、残った3部屋で**「ルームシェア」**をするのです。1部屋を3万円で貸したら月9万円の収入になります。

一方で、1500万円を住宅ローンで借りたら月々の返済は4万円程度です（融資期間35年、金利0・7％で計算）。すると月9万円の収入に対して、5万円がキャッシュフローになります（光熱費は家賃と別でもらいましょう）。

　すると月々5万円の貯金ができることになります（ここではわかりやすくするため、税金の計算は割愛しています）。

「そんなことをしたら銀行からクレームが来るのでは？」と心配されるかもしれませんが、これは**シェアハウス**ではなくルームシェアなので、あくまで自宅であることが前提です。

借入額
1,500万円

融資期間
35年

金利
0.7%

月の返済額
40,278円

家賃収入月
90,000円－40,000円
＝キャッシュフロー月 50,000円

そもそも海外においてはルームシェアなど当たり前の文化です。パリやフランス、オーストラリアなど、みんな普通にやっています。

なおルームシェアとシェアハウスは、「複数の人と一緒に住む」という点では同じですが、ルームシェアは物件を借りている代表者が管理人のような責任ある立場となり、部屋の一部を貸し出す形になります。

一方シェアハウスでは、運営を第三者が行います。複数の入居者に対して、ハウスを貸し出すイメージとなります。

違いは管理人のような第三者が介在しているかどうかですが、**自分自身が住みながら管理人をする**ため、この場合はルームシェアと定義付けています。

たとえば5年後の32歳で結婚をします。そのときにルームシェアをしていた自宅は売却して、新しい家を買えばいいのです。その際には部屋をキレイに直していたら少し高めに、そうでもなければ同じ値段で売ってもいいでしょう。その場合は月々に得ていた5万円が利益となります。

あるいは売らずに「結婚して住まなくなります」と金融機関に伝えて全室貸し出す方法もあります（その場合、金利が上がるかもしれません）。

貸し出す際にはきちんと金融機関に伝えなければ、後にトラブルになる可能性があります。金融機関が納得できる、やむを得ない事情であれば「全額返せ！」という話にはならないので正直に報告しましょう。

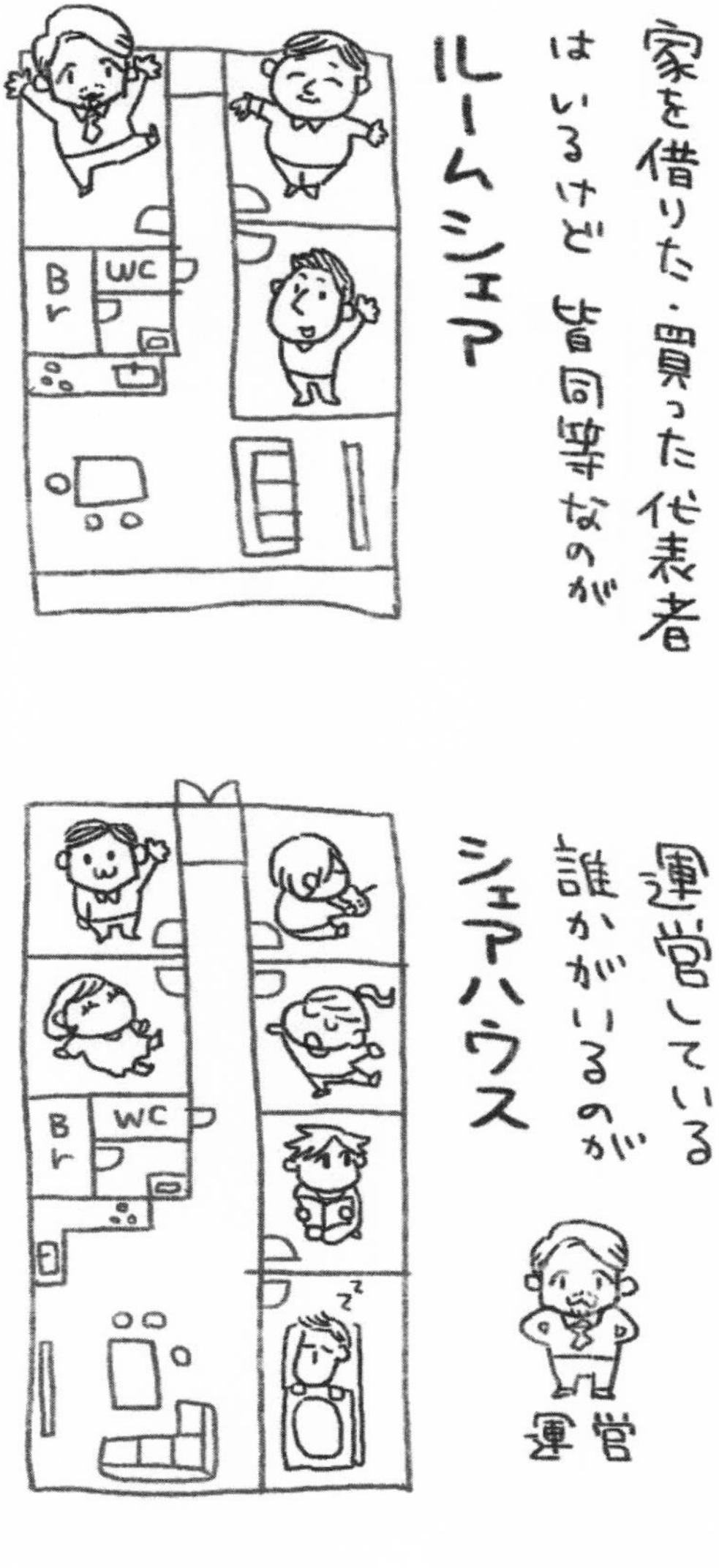
家を借りた・買った代表者
はいるけど 皆同等なのが
ルームシェア
Br
WC
運営している
誰かがいるのが
シェアハウス
運営
Br
WC

なおルームシェアを行うときの注意点としては、国土交通省が発行する「シェアハウスガイドブック」（https://www.mlit.go.jp/common/001207549.pdf）が参考になります。国交省のガイドラインを意識することで、入居者に対して快適な住居が提供できます。

このガイドラインには部屋の基準はもちろん、準備の仕方や入退去の手続、管理運営についても丁寧に教えてくれています。

東京で行う方は、「東京都建築安全条例に基づく寄宿舎に係る建築基準等についての見直しの考え方」（http://www.metro.tokyo.jp/tosei/hodohappyo/press/2014/11/documents/22ob400.pdf）も参考になります。

得情報!!

中古住宅シェアハウス転用は200㎡未満で！

中古住宅のシェアハウス転用についてですが、過去に脱法ハウス問題が起こり、2013年には国土交通省より「シェアハウス＝寄宿舎」という発表がされました。これはシェアハウス業界に大きな衝撃を与えました。

どういうことかといえば、普通の住宅をシェアハウスにする場合は、寄宿舎に用途変更しなくてはいけません。用途変更とは、ある建物の新築のときの使い道を、別の使い道に変えるための手続を指します。

寄宿舎となれば、共同住宅同様に建築基準法では特殊建築物として、避難や防火・耐火・遮音の高い基準が定められることになります。

マイホームでお金持ち術③

自宅兼アパート

次に自宅を使って効率的に副業したい人向けの方法として、「**賃貸併用住宅**」があります。この場合は中古住宅で、二世帯住宅やアパートが併設された住宅を購入する必要があります。

アパートが付いている中古住宅が売っていればいいのですが、なかなか売っていません。これが水回りの2つある二世帯住宅となると、たまに見かけることもあります。シンプルなのは上下階やメゾネットになった二世帯住宅です。広い部屋を自分で住んで、狭いほうの部屋を貸し出します。

月々の住宅ローンくらいは住んでいる部屋の人が払ってくれます。貸し出す部分を前述のシェアハウスや民泊にすると、より収益性が高くなります（この場合、必要に応じて許認可の取得や届出を行いましょう）。

この際にポイントとなるのは、**住宅ローンが使えるかどうか**です。

規定として自宅部分が50％以上あれば、住宅ローンが使えて合法的に不動産投資ができます。たとえば１００㎡の家ですと、51㎡が自分の家で、49㎡がアパートになります。

住宅ローンを受けるにあたっては、第４章でも述べましたが、**返済比率をクリアすること**です。

賃貸併用住宅となると建物が大きくなりがちで、その分だけ価格も高くなってしまいます。それだけ住宅ローンのハードルが高くなります。ただし、自己資金はなくても安定的な職業で年収が高ければ通りやすいです。

住宅ローンでアパート経営ができる賃貸併用住宅は、初心者向けの不動産投資としてオススメですが、なかなか中古物件がありません。そこで、ほかにできる手立てとして**中古アパートのコンバージョン**があります。賃貸併用住宅が市場になければ、自分でつくってしまえばいいという考え方です。

たとえば４世帯の中古アパートが売りに出ていたとします。そのうち２部屋を工事して、１部屋につなげて自分が住めば、賃貸併用住宅の要件を満たします。その場合は工務店のリフォームプランや、建築請負契約などを銀行に提出する必要があります。

木造であれば壁を抜くのは、それほど大変な工事ではありません（構造上、抜けない柱はあります）。それよりも水回りを増設する工事のほうがよほど大変です。

２つの部屋を１つにつなげると、間取りの使い勝手はいまいちかもしれませんが、住宅ローンを使ってアパートを購入できます。

これも夫婦２人で住んで、子どもが生まれたところで「家族が増えて手狭になりました」と金融機関に報告して、家を住み替えられます（この場合も金利が上がる可能性はあります）。

予算が許して、かつ安い土地を買えるのなら、新築でプランニングするのもよいでしょう。その場合は、古家付きの土地や更地を購入して、賃貸併用住宅を建てることになりますが、安い土地を買うこと自体がなかなか難しいです。

土地によって建ぺい率・容積率といって、どれくらいのボリュームの建物がつくれるかが変わります。できるだけ、ボリュームいっぱいに建てられる土地がオススメです。

新築するにあたって安い土地の狙い目は第2章をご確認いただきたいですが、再建築不可では建て替えはできません。また借地の場合は、地主の承諾が必要となります。

建て替えに障害がないのは**2項道路**ですが、セットバックしても建て替えられるのか、建築可能なボリュームに関しては、事前にしっかりチェックしましょう。また敷地延長の土地は建て替え可能ですが、集合住宅は建てることができません（長屋は可能）。

このように新築を前提とすると、土地選びが難しくなるため初心者には向きませんが、逆にいえば、土地の目利きに自信のある方であれば、あえてトライしてもよいと思います。

この「賃貸併用住宅」は、**ある程度の年収**があれば、お金がなくてもできます。

住宅ローンに怯える一生から脱出しよう

不動産投資を始める前、「家で自由になれる」ことを知らないときの僕は、手取り20数万円、家族４人で暮らしていました。

時間もお金もない生活のなか、嫁はいつもお金のやり繰りに追われ、ぜいたくなんてまったくできません。家族旅行にも行けませんでした。休みの日はいつも近所の公園へ行って、お金のかからない遊びをしていました。

家族で過ごせるひと時は、それはそれで幸せではあったのですが、日常生活は精神的にも肉体的にも疲弊しきっており、これがずっと続くのは耐えられない……と思っていました。

それが、今は選択肢が増えました。僕もそうだし、嫁も子どももです。

お金で幸せが買えるだなんて思いませんが、余裕のお金をつくれば、すなわち余裕の時間ができます。そうすれば仕事以外にも目を向けられて行動できるようになります。

僕は「家の買い方」を工夫しただけで人生が大きく変わりました。お金はなくても住宅ローンを組めるのは、これまで築いてきた社会人としての信用があるからです。

その小さな信用のなかで資産を組み換えて、家計の体質を変えていきます。体質が変わってキャッシュフローができた時点で、もうファイナンシャルプランのグラフからはみ出す予備軍になるのです。

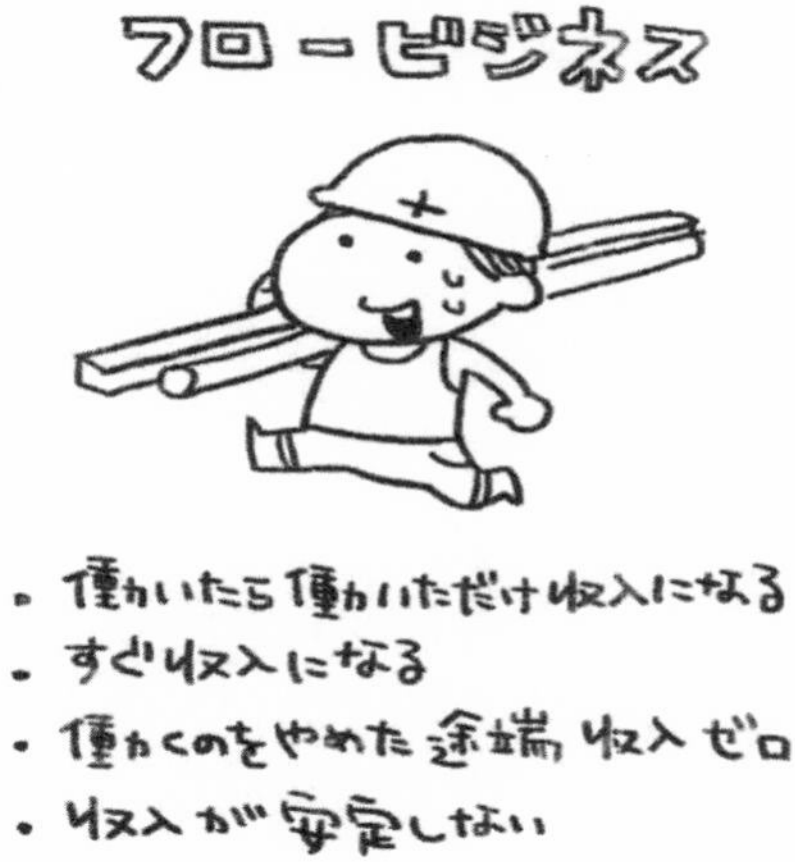
フロービジネス
・働いたら働いただけ収入になる
・すぐ収入になる
・働くのをやめた途端 収入ゼロ
・収入が安定しない

ストックビジネス
・1度サービスを提供すると継続した収入になる
・収入になるまでにたくさんの時間とお金が必要なことが多い
・安定した収入が見込める

お金が生まれて、時間の余裕が生まれたとき、僕の人生を変えてくれた「**不動産**」に目を向けました。そして、コツコツと不動産を増やしていきました。

普通であれば、給料をいきなり何万円も増やすことなどできません。でも、住宅ローンを上手に借りれば、数万円程度の収支改善はすぐにできます。

そして、不動産にお金を稼がせれば、家賃収入の大半は不労所得になりますから、収入と我が身の忙しさが比例しません。

いくらお医者さんが高給取りとはいえ、彼らも自ら現場に立って診察や手術をしなければお金を稼げません。同様に高額な報酬をもらっている弁護士さんも、依頼を受けた仕事をこなさなければお金が稼げません。

しかし、これが大家さんであれば、いくら不動産が多いからといって、その物件数の分だけ働く必要はありません。

これを「**フロービジネス**」「**ストックビジネス**」と呼びます。

改めて説明するとフロービジネスは「新規の取引の連続で成り立っているビジネスモデル」です。対してストックビジネスは「仕組みを作って継続的に収益を得ることができるビジネスモデル」のことです。

このストックビジネスのなかで、もっとも簡単なのが**不動産投資**、つまり大家さんになることです。

そして「大家さんになる」ための知識や下積みが、自分の家を探す行為です。

大家業は生活に密接した商売ですから特別な資格もいらないし、男性でも女性でもおじいちゃんでもおばあちゃんでもできます。もちろんサラリーマンにもできます。

やりたい気持ちさえあれば、じつは誰でもはじめられるビジネスなのです。

ただし、「不動産を買うのは特別なこと」という意識や、「とにかく借金が怖い」といった心の壁が足かせになっているのかもしれません。それは、なんら特別なことではない事実を、この本から学んで理解してほしいです。

家を上手に買えれば、もう住宅ローンに怯える必要はありません。むしろ住宅ローンは僕たちにとって、もっとも有利な武器なのです。そのように発想が転換できれば、あなたの人生は間違いなく変わっていきます。

あのホリエモンですら「不動産投資は難しい。オススメしない」と公言しています。でも、それは不動産投資のなかでも個人投資家では手が出ないような、巨大なマーケットしか見ていないから知らないだけです。

ゴミだらけの家を数百万円で買ったり、雨漏りやシロアリのいる家を買ったり……この本に書いてあることは、いわば家探しの主流ではなく傍流（ぼうりゅう）です。

新築ピカピカのマイホームを購入することが、アスファルトで舗装された走りやすい道だとしたら、僕が歩んでいるのは石ころだらけのケモノ道なのです。

僕は**まったくお金がないところから**（実際には50万円から）、独特なやり方を積み重ねて大家さんになりました。初期のころはたくさんの努力をしましたが、今はそこまで大変な思いをしていません。

そもそも大家業は１人だけでやるものではなく**チーム制**で行います。基本的に大家さんとは「手配屋さん」なのでＤＩＹもやりますが、それはあくまでお金のない最初だけやれば十分です。

仕組みができてしまえば、すべてを管理会社に頼む〝お任せコース〟もありますし、自分で客付けして、自分で掃除をして、自分で部屋を直す〝セルフコース〟でもどちらも選べます。

そのやり方にはバリエーションがたくさんあって正解はありませんが、法令により基本的なルールはあります。そのルールに則っていれば、あとは自分次第です。

本書では推奨していませんが、リフォームにも「**分離発注**」（職人への直接発注）や、徹底した**施主支給**（部材の直接買い付け）を行ったりするなど、大家のかかわりが大きくなればコストはもっともっと下げられます。

物件の商品化には手間がかかりますが、あとは仕組みをつくってしまえば回っていきます。そして、利益の積み重ねを繰り返していくだけです。同じことを繰り返せば、だんだんブラシュアップされてきて、上手にできるようになります。

そうすると経済的にもっともっと自由になれます。僕はそれを2年半で手に入れて、**辛くて仕方なかった仕事を辞めることができました**。

みんなが思う「家」からの脱却

そして、**最終的にどこを目指すのか**といえば、おそらく、本当に目指していたものになれたりします。

〝職業〟という、固定された時間から解放される日がいつか起こります。そのとき何をやりたかったのか。

たとえば、幼いころにあこがれていたケーキ屋さんになるとか、好きな絵を描いて暮らせるようになるわけです。経済的に基盤があるうえでやりたいことができるのは、すごく強いです。

あとは**お金の悩みから解放**されます。

子どもの「医者になりたい」、「芸術家になりたい」、「留学したい」など、そういった願望に応えられます。年老いた親の面倒もみれます。

今まで余裕がなくて、手が出せなかったことにチャレンジできるようになります。

お金と時間だけで100%は幸せになれないけれど、人生において抱える悩みの大部分を解決できるのです。

2000万円稼ぐ人が1000万円を稼ぐ人の2倍幸せなのかというと、そんなことはありません。

もともとは家族で幸せになりたくて始めた不動産投資で、いつのまにか規模の拡大だけに走る人もいます。それが楽しければよいのですが、そう見えない人もいます。

大家さんの業界では巨額の借金をしてたくさんの不動産を所有していると、「すごい!」と羨ましがられますが、そういう人たちが必ずしも幸せとは限りません。

ですから、自分の気持ちのよいところで止めておきましょう。結局のところお金を山ほど稼ぐことだけが幸せではないけれど、**ある一定のお金を得ることで幸せに近づきます**。

そうするためには、まず「**家の見直し**」が大きな第一歩になります。

おわりに

最後までお読みいただきまして、ありがとうございます！

僕たち家族は、「家探し」をきっかけに、人生を大きく変えることができました。

意外にも思われますが、僕は嫁の尻に敷かれています。肝心なことはすべて嫁が決めており、今、僕があるのはすべて嫁のおかげです。


今年の夏はバリに行って、お手伝いさんが4人もいる別荘に泊まりました。ベッドルームは6部屋もあり、ウチは5人家族なので持て余したほどです。

なぜ、バリに行ったのか？ それは有名なあの大富豪「バリのアニキ」に家族で会いに行ったのです。僕は2回目ですが、そこで家族の幸せやいろいろな話をしました。会いたい人に会えるということは、時間とお金に余裕がなければできないことです。

そこで僕は、アニキから「人を育てろ」と言われました。僕たち家族は幸せになれたけれど、「もっともっと多くの人に幸せになってもらいたい！」そう思っています。

僕自身、自分だけの力でなくて、チーム戦ではい上がってきています。現在もともに成長する仲間がほしくて、みんなで成り上がるための不動産投資家のコミュニティ「ビンテージクラブ」を主宰して人を育てています。

今や海外のリゾートにも泊まれるようになった小嶌家ですが、8年前までは休日を近所の公園で過ごしていました。それはそれで楽しい思い出ではありますが、将来は暗雲が垂れ込めており、常に追い詰められた気持ちで必死で働いていました。

働き方改革もありますから、かつての僕のような社畜の人は、少ないかもしれません。それでも報われない・苦しい・余裕のない毎日を過ごしている人もたくさんいるでしょう。もし、その生活から抜け出したいと思ったのなら、まずは自分の家を見直してください。そこをきっかけにして、あなたの人生も変えてみましょう！

最後に、この本の出版を記念して、Ｆａｃｅｂｏｏｋで「最強の家探しグループ」をつくります。家探しをしている仲間同士が集まって、情報交換をするゆるい交流の場で、僕もコメントします。いつでも誰でも入れて退会は自由です。もちろん無料です。はじめての試みなので、人が集まるかわかりませんが、メンバーが集まったらイベントも行いたいと考えています。巻末に案内がありますので、興味があれば参加してください！

２０２０年2月吉日　築30年超の自宅から愛を込めて♡

小嶌　大介

書籍購入者限定

最強の家探しFacebookグループにご招待!

・こんなマイホームは
どうでしょう?
・ローンや、その他かかる費用の
計算はこれで合っている
のでしょうか?
・リフォームはどうやってしよう…。

といった悩み相談。

・あの住宅販売会社は
良い会社でしょうか?
・その物件、実は…。

といった情報の共有。

グループはいつ入っていただいても、いつ抜けていただいても構いません。俗に言う悪徳業者を見抜くためには、一般の消費者である僕たちもグループを組んで挑むことが一番の解決策です。

家探しに絶対に失敗しないように、相談・報告・情報共有を行える最強のFacebookグループを作りました。書籍を購入していただいた皆さんに、無料でご招待します。

みなさんとお会いできることを楽しみにしています!

無料ですが、僕がこの人はグループにふさわしくないと判断した場合は、強制退会させますので、管理の面はご安心ください。

最強の家探し Facebookグループに参加方法

① Facebookにて「最強の家探しグループ」と検索し、参加
② 右のQRコードを読み取り、グループに参加

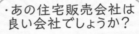

●著者紹介

小嶌　大介（こじま・だいすけ）

1975年大阪生まれ。芸術系大学在学中にプロキックボクサーになる。卒業後、マス広告業界で約10年間グラフィックデザイナーとして勤務。副業として道頓堀の戎橋で1分1,000円の「どつかれ屋」を開業。2003年、結婚。当時の年収は300万円ちょっと。2006年、20年ローンを組んでマイホーム購入、死にそうな気持ちになる。2010年、脱社畜を目指し不動産投資に挑戦! 自分の貯金50万円と父から50万円、嫁から50万円を借りて(土下座ローン)自己資金150万円で1戸目の物件大阪の廃屋テラスを父と2人で再生。デザイナー独自の目線と切り口で築古物件のブランディングを構築し、高利回り物件を次々に賃貸市場に送り込む。築古物件が持つ懐かしさや味に着目し、物件そのものの個性を活かしたおしゃれな古家生活を提供している。所有物件はアパート・マンション65戸 シェアハウス65戸。2018年より不動産投資を団体戦で行う『Vintage Club』を主宰しながら、おもしろ不動産メディア「おふかな」の編集長を務める。

・Vintage Club 2020
https://magicod.net/vintageclub2020/
・おふかな
https://ofukana.jp/
・magico株式会社HP
https://magicod.net/

著書『利回り70%超!廃屋から始める不動産投資』『50万円の元手を月収50万円に変える不動産投資法』『だから、失敗する!不動産投資【実録ウラ話】』(共にぱる出版)

編集協力　布施ゆき

持ち家で人生が変わった!
最強の家探し

2020年3月16日　初版発行

著　者　　小嶌　大介
発行人　　今井　修
印　刷　　株式会社日本制作センター
発行所　　プラチナ出版株式会社
〒104-0061　東京都中央区銀座1丁目13-1
ヒューリック銀座一丁目ビル7F
TEL　03-3561-0200　FAX　03-3562-8821
http://www.platinum-pub.co.jp
郵便振替　00170-6-76 7711（プラチナ出版株式会社）

落丁・乱丁はお取替え致します。

ISBN978-4-909357-63-2